O Sermão da Montanha
e o
Pai-Nosso

Emmet Fox

O Sermão da Montanha
e o
Pai-Nosso

29ª edição

Tradução
VERA NEVES PEDROSO

Rio de Janeiro/2024

CIP-BRASIL. CATALOGAÇÃO NA FONTE
SINDICATO NACIONAL DOS EDITORES DE LIVROS, RJ

F863s Fox, Emmet
29ª ed.   O sermão da montanha e o pai-nosso / Emmet Fox ; tradução: de Vera Neves Pedroso. - 29ª ed. - Rio de Janeiro : Best*Seller*, 2024.

Tradução de: The Sermon on the mount e The Lord's prayer
ISBN 978-85-7684-658-1

1. Sermão da Montanha. 2. Pai-nosso. 3. I. Título.

12-6344   CDD: 226.9
                           CDU: 27-31

Texto revisado segundo o Acordo Ortográfico da Língua Portuguesa de 1990.

Título original norte-americano
THE SERMON ON THE MOUNT
Copyright © 1932, 1938 by Emmet Fox
e
THE LORD'S PRAYER
Copyright © 1932, 1938 by Emmet Fox
Os dois textos foram publicados em inglês nos Estados Unidos da América, em uma edição da Harper & Row.

Edição brasileira inicialmente intitulada *O Sermão da Montanha*
(Rio de Janeiro, Nova Era, 2001, 21ª edição)

Capa: Bruna Mello
Editoração eletrônica: Valéria Ashkar Ferreira

Todos os direitos reservados. Proibida a reprodução,
no todo ou em parte, sem autorização prévia por escrito da editora,
sejam quais forem os meios empregados.

Direitos exclusivos de publicação em língua portuguesa para o Brasil
adquiridos pela
EDITORA BEST SELLER LTDA.
Rua Argentina, 171, parte, São Cristóvão
Rio de Janeiro, RJ - 20921-380
que se reserva a propriedade literária desta tradução

Impresso no Brasil

ISBN 978-85-7684-658-1

Seja um leitor preferencial Record.
Cadastre-se e receba informações sobre nossos lançamentos e nossas promoções.

Atendimento e venda direta ao leitor:
sac@record.com.br

Sumário

Prefácio 7

PARTE I
O Sermão da Montanha

O que Jesus ensinou? 11
As Bem-aventuranças 25
Como um homem pensa 51
Não resistais ao mal 67
Tesouro no Céu 85
Com a medida com que tiverdes medido 106
Por seus frutos 114

PARTE II
O Pai-Nosso

Uma interpretação de Emmet Fox 139

Prefácio

Este livro é a essência destilada de anos e anos de estudos metafísicos e bíblicos e das muitas conferências que proferi. Teria sido mais fácil fazê-lo com o dobro de páginas. Meu objetivo, não obstante, é dar ao leitor um manual prático do desenvolvimento espiritual e, com isto em vista, procurei condensar ao máximo a matéria porque, como todo estudante sabe, a concisão é da maior importância quando se deseja dominar um assunto.

Não imagine o leitor, porém, que poderá assimilar tudo o que este livro contém em uma ou duas leituras. É preciso lê-lo várias vezes, até se ter captado completamente a nova atitude perante a vida e a escala de valores absolutamente inédita que o Sermão da Montanha apresenta à humanidade. Só então se poderá experimentar o Novo Nascimento.

O estudo da Bíblia não é muito diferente da procura de diamantes na África do Sul. A princípio, as pessoas encontraram alguns diamantes misturados com o barro e ficaram maravilhadas com sua sorte, embora pensassem que não encontrariam mais pedras.

Mas, ao cavarem mais fundo, depararam com outro tipo de barro azul em vez de amarelo e, para sua surpresa, encontraram tantas pedras preciosas num só dia quantas haviam anteriormente achado em um ano, e o que antes lhes tinha parecido uma fortuna, tornou-se insignificante comparado com a nova descoberta.

Ao explorar a Verdade Bíblica, não se satisfaça com o barro amarelo de umas poucas descobertas espirituais... escave a rica argila azul que há por baixo dela.

A Bíblia, contudo, difere do campo diamantífero no fato sublime de que, por baixo da argila azul, há camadas cada vez mais ricas, esperando apenas o toque da percepção espiritual, numa sucessão que se estende até o Infinito.

À medida que você for lendo a Bíblia, deverá afirmar constantemente que a Sabedoria Divina o está iluminando e esclarecendo. Só assim receberá inspiração direta.

Seguindo um uso conveniente e muito em voga nos livros metafísicos, escrevi com maiúscula certas palavras relacionadas com aspectos ou atributos divinos.

PARTE I

O Sermão da Montanha

O que Jesus ensinou?

Jesus Cristo é, sem dúvida alguma, a figura mais importante que já surgiu na história da humanidade. Você pode encará-lo dos pontos de vista mais diversos, mas terá de concordar com isso; chame-o de Deus ou de homem, considere-o o maior Profeta e Professor – ou Mestre – do mundo, ou apenas um fanático bem-intencionado, cuja curta e atribulada carreira pública terminou em dor, em fracasso e em ruína. Qualquer que seja a maneira de você o encarar, o fato é que a vida e a morte de Jesus e os ensinamentos a ele atribuídos influenciaram o curso da história mais do que qualquer outro homem; mais do que Alexandre, César, Carlos Magno, Napoleão ou Washington. Mais vidas humanas são influenciadas por suas doutrinas ou, pelo menos, pelas doutrinas a ele atribuídas hoje em dia; mais livros são escritos, lidos e comprados a seu respeito; mais conferências ou sermões são feitos sobre ele do que sobre todas as outras personalidades anteriormente mencionadas.

Ter sido a inspiração religiosa de toda a raça europeia, nos dois milênios em que essa raça dominou e moldou os destinos do mundo inteiro, cultural, social e politicamente, e durante o período em que toda a superfície da Terra foi, finalmente, descoberta, ocupada e civilizada – só isso basta para lhe dar o primeiro lugar em importância no mundo.

Por conseguinte, não pode haver nada mais importante do que aprofundar a questão de qual o verdadeiro significado de Jesus.

O que Jesus ensinou? Em que, realmente, queria que acreditássemos e o que desejava que fizéssemos? Quais eram, no fundo, seus objetivos? E até onde conseguiu realizar esses objetivos em sua vida e em sua morte? Até que ponto a religião, ou o movimento chamado cristianismo, sob a forma em que existiu nestes últimos séculos, tem realmente expressado ou representado suas ideias? Até onde o cristianismo atual propaga sua mensagem ao mundo? Se ele voltasse agora à Terra, o que diria das nações ditas cristãs em geral e das igrejas cristãs em particular – dos anglicanos, dos batistas, dos católicos, dos ortodoxos gregos, dos metodistas, dos presbiterianos, dos quacies, dos salvacionistas, dos adventistas do sétimo dia ou dos unitaristas. O que foi que Jesus ensinou?

Eis a pergunta a que me propus responder neste livro. Pretendo mostrar que a mensagem que Jesus trouxe tem um valor único porque é a Verdade e a única declaração perfeita da Verdade da natureza de Deus e do homem, da vida, do mundo e das relações que existem entre eles. Mais do que isso, veremos que seus ensinamentos não são um simples cômputo abstrato do universo, o que teria pouco mais do que um mero interesse acadêmico, mas constituem um método prático para desenvolver a alma e transformar nossas vidas e nossos destinos naquilo que realmente queremos que eles sejam.

Jesus explica-nos qual é a natureza de Deus e qual é a nossa própria natureza; diz-nos o significado da vida e da morte; mostra-nos por que cometemos erros; por que cedemos à tentação; por que ficamos doentes, pobres e velhos; e, mais importante que tudo, diz-nos como esses males podem ser vencidos e como podemos trazer saúde, felicidade e verdadeira prosperidade às nossas vidas e às vidas dos outros, se eles verdadeiramente o desejarem.

A primeira coisa que precisamos compreender é um fato de importância fundamental, pois significa romper com todos os preconceitos comuns da ortodoxia. O fato, puro e simples, é que

Jesus nunca ensinou teologia. Seus ensinamentos são inteiramente espirituais ou metafísicos. Infelizmente, o cristianismo histórico tem-se preocupado demasiadamente com questões teológicas e doutrinárias, que, por mais estranho que pareça, nada têm a ver com os ensinamentos dos Evangelhos. Muita gente ficará surpresa ao saber que todas as doutrinas e teologias das igrejas são invenções humanas, fruto da mentalidade de seus autores e acrescentadas à Bíblia – mas essa é a verdade. *Nenhum sistema teológico e nenhuma doutrina podem ser encontrados na Bíblia.* O que aconteceu foi o seguinte: pessoas virtuosas, que sentiam necessidade de uma explicação intelectual da vida e que acreditavam ser a Bíblia uma revelação de Deus aos homens, tiraram a conclusão natural de que a primeira deveria estar contida na segunda e, mais ou menos inconscientemente, puseram-se a fabricar aquilo que desejavam encontrar. Não possuíam uma lógica espiritual ou metafísica. Não se fundamentavam no que vulgarmente se chama uma Base Espiritual e, consequentemente, procuravam uma explicação da vida puramente intelectual, ou tridimensional, o que não pode existir.

A verdadeira explicação para a vida humana jaz justamente no fato de que o homem é essencialmente espiritual e eterno e de que este mundo e a vida que conhecemos intelectualmente são, por assim dizer, apenas uma parte de toda a verdade que lhe diz respeito; e de que uma parte de qualquer coisa – seja de uma máquina ou de um cavalo – nunca pode fornecer sequer uma explicação parcial do todo.

Olhando para um diminuto canto do universo, e mesmo assim com olhos apenas semiabertos e partindo de um ponto de vista exclusivamente antropocêntrico e geocêntrico, o homem fabricou fábulas absurdas e ridículas sobre um Deus limitado e semelhante ao homem, que governava seu universo mais ou menos como um príncipe ignorante e bárbaro poderia governar um pequeno principado oriental. Todas as fraquezas humanas, como a vaidade, a inconstância e o despeito, eram atribuídas a esse ser. Foi então inventada uma lenda exótica e inconsistente no que diz respeito ao pecado original, de expiações sangrentas em nome de outrem, castigos infinitos para transgressões finitas e, em certos casos, acrescentou-se uma terrível doutrina de predestinação para o tormento eterno ou para a felicidade eterna. Ora, nenhuma dessas teorias é ensinada na Bíblia. Se o objetivo da Bíblia fosse ensiná-las, elas seriam apresentadas de maneira direta num ou noutro capítulo, mas tal não é o caso.

O "Plano de Salvação", que figurava de maneira tão proeminente nos sermões evangélicos e nos livros sacros de gerações passadas, é tão estranho à Bíblia quanto ao Alcorão. Nunca houve tal plano no universo e a Bíblia jamais o ensinou. O que houve foi que certos textos obscuros do Gênese, algumas frases tiradas, aqui e ali, das epístolas de Paulo e um ou dois versículos isolados tirados de outros trechos das Escrituras, foram escolhidos e alinhados pelos teólogos, de modo a se obter o tipo de ensinamento que, segundo eles, *deveria* ser encontrado na Bíblia. Jesus nada tem a ver com isso. Ele é tudo menos um otimista barato. Previne-nos, não apenas uma vez, mas repetidamente, de que a obstinação no pecado pode acarretar um castigo muito, mas muito severo, e que todo aquele que desprezar a integridade da alma – embora possa ganhar o mundo inteiro – não passa de um idiota digno de compaixão. Mas ensina-nos que só somos castigados por nossos próprios erros e que todo homem e toda mulher, por mais afundados que estejam no mal e no pecado, têm sempre acesso direto a um todo-amoroso, Todo-Poderoso Deus-Pai, que os perdoará e lhes fornecerá Sua própria energia para lhes permitir reencontrarem-se, todas as vezes que seja necessário.

Jesus tem sido, infelizmente, mal compreendido e mal representado também em outros setores. Por exemplo, em seus ensinamentos nada há que possa servir de base a qualquer forma de eclesiasticismo, a qualquer hierarquia ou sistema de ritual. Não autorizou nada disso e, na verdade, sua própria mentalidade é definitivamente antieclesiástica. Durante toda a sua vida pública ele combateu os representantes da igreja de sua terra. Primeiro, eles procuraram dificultar-lhe os movimentos e depois o perseguiram, com um perfeito instinto de autoconservação, pois sentiam que a Verdade, como Jesus a ensinava, era o começo do fim, para eles – até que conseguiram fazer com que fosse condenado à morte. Suas pretensões à autoridade como os representantes de Deus foram completamente ignoradas por Jesus, que só demonstrou impaciência e desprezo por seus rituais e cerimônias.

A natureza humana se inclina a acreditar naquilo em que deseja crer, em vez de se dar ao trabalho de procurar nas Escrituras com espírito aberto. Homens perfeitamente sinceros têm-se declarado líderes cristãos, com os mais imponentes e pretensiosos títulos, e envergado as vestimentas mais complicadas e enfeitadas a fim de mais bem impressionar as pessoas, apesar de seu Mestre ter dito, na linguagem mais simples, que seus seguidores não deveriam fazer nada disso. "Vós, porém, não queirais ser chamados Rabi, porque um só é o vosso Mestre, isto é, o Cristo, e todos vós sois irmãos." (Mateus 2:8). E denunciou os fariseus como hipócritas, pois "amam as primeiras cadeiras" e "atam fardos pesados, difíceis de suportar", com todo o tipo de regras e regulamentos.

Jesus, como mais adiante iremos ver, fez questão de desencorajar a ênfase dada às observâncias exteriores e, também, às regras e aos regulamentos rígidos de qualquer espécie. Insistiu, isso sim, num certo espírito na conduta dos homens e teve o cuidado de ensinar apenas *princípios,* sabendo que, quando o espírito está certo, os detalhes se encaminham por si mesmos e que, realmente, "a letra mata, mas o espírito vivifica", como ficou demonstrado pelo triste exemplo dos fariseus. Não obstante, apesar disso, a história do Cristianismo ortodoxo é constituída, em grande parte, de tentativas para impor às pessoas toda a classe de observâncias exteriores. Um exemplo disso é a tentativa puritana de impor aos cristãos o sabá do Velho Testamento, embora a lei do sabá fosse uma regra puramente hebraica e os terríveis castigos para quem a negligenciasse se aplicassem exclusivamente à não observância do sábado; e apesar do fato de Jesus ter desencorajado especialmente a observância supersticiosa do sabá, dizendo que o sabá fora feito para o homem e não o homem para o sabá, e fazendo tudo o que queria nesse dia. Seus ensinamentos indicam claramente que chegou o momento de o homem fazer de cada dia um sabá espiritual, encarando e executando todas as coisas sob um prisma espiritual.

É evidente que, mesmo que o sabá dos hebreus fosse imposto aos cristãos, como eles não o observam guardando o domingo, continuariam incorrendo nas consequências da quebra do sabá.

Muitos cristãos modernos perceberam, entretanto, que não há sistema teológico algum na Bíblia, a menos que a pessoa o ponha lá deliberadamente, e abdicaram praticamente da teologia, embora continuem apegados ao cristianismo por achar, intuitivamente, que ele representa a Verdade. No fundo, não há justificativa lógica para essa atitude, já que eles não possuem a Chave Espiritual que torna inteligível os ensinamentos de Jesus, mas procuram racionalizar de várias maneiras sua atitude. Este é o dilema do homem que não tem nem fé cega na ortodoxia, nem uma interpretação espiritual do Cristianismo Científico em que se apoiar. Tudo aquilo em que se apóia pertence ao antiquado unitarismo. Se não rejeita inteiramente os milagres, pelo menos sente-se incapaz de compreendê-los. Os milagres o incomodam e ele desejaria que não fossem mencionados na Bíblia, para poder livrar-se deles.

Um relato sobre a vida de Jesus publicado por um conhecido religioso ilustra como é falsa essa posição. No livro, ele admite que Jesus possa ter curado algumas pessoas, ou as ajudado a curarse a si mesmas – mas isso é tudo. Todos os outros milagres não passam, segundo ele, das costumeiras lendas que cercam todas as grandes figuras históricas. No lago, por exemplo, os discípulos estavam apavorados, mas, quando pensaram em Jesus, seus temores se acalmaram. Isso teria sido depois exagerado e convertido numa lenda absurda, na qual Jesus em pessoa se dirigia na direção deles, caminhando sobre a água. Noutra ocasião, aparentemente, Jesus pregou a um pecador, fazendo-o sair de uma cova de pecados e, anos e anos mais tarde, isso foi transformado numa ridícula lenda, segundo a qual ele ressuscitara um morto. Certa noite, Jesus orou fervorosamente e isso o fez ficar com uma expressão de radiante felicidade. Pedro, que adormecera, despertou sobressaltado; anos mais tarde, contou uma história confusa, dizendo ter-lhe parecido ver Moisés, e assim é explicada a Transfiguração...

Devemos simpatizar com a posição especial de um homem fascinado pela beleza e pelo mistério dos Evangelhos, mas que, não dispondo da Chave Espiritual, parece achar seu senso comum e todo o conhecimento científico da humanidade insultados por muita coisa que aparece nos Evangelhos. Só que isso não convence. Se os milagres não aconteceram, o resto da história dos Evangelhos perde todo o seu significado. Se Jesus não acreditasse que os milagres eram possíveis e não se propusesse a realizá-los – nunca, é verdade, para se exibir, mas, não obstante, constante e repetidamente –, se não ensinasse e acreditasse em muitas coisas radicalmente contrárias à filosofia racionalista dos séculos XVIII e XIX, a mensagem contida nos Evangelhos seria contraditória, caótica e despida de qualquer significação. Não podemos fugir a esse dilema dizendo que Jesus não estava interessado nas crenças e superstições de seu tempo, que as aceitava mais ou menos passivamente, porque o que realmente lhe interessava era o *caráter*. É um argumento falho, porque o caráter tem que incluir ao mesmo tempo uma reação inteligente e vital, intuitiva, a tudo o que se passa. O caráter inclui algumas crenças e convicções relacionadas com aspectos que realmente importam.

Mas os milagres aconteceram. Todos os fatos narrados a respeito de Jesus nos quatro Evangelhos realmente aconteceram, e muitos outros, também, "os quais, se todos fossem descritos, talvez nem todo o mundo seria suficiente para conter os livros que precisariam ser escritos". O próprio Jesus justificou o que as pessoas achavam serem ensinamentos estranhos e maravilhosos com as obras que realizava; foi mais além e disse, referindo-se àqueles que estudam e praticam seus ensinamentos: "As coisas que eu faço, vós as fareis, e ainda maiores."

Ora, o que vem a ser, afinal, um milagre? Os que negam a possibilidade dos milagres, com base em que o universo é um sistema perfeito de leis e de ordem, para cujo funcionamento não pode haver exceções, estão certos. Mas a explicação é que o mundo de que normalmente nos damos conta, e com cujas leis a maioria das pessoas está familiarizada, não passa de um fragmento de todo o universo, e que existe a possibilidade de apelar de uma lei mais baixa para uma mais alta – de uma menor para uma maior expressão. Ora, o apelo da lei mais baixa para a mais alta não é, absolutamente, o mesmo que desrespeitar a lei, pois a possibilidade desse apelo faz parte da constituição do universo e, por conseguinte, se houvesse um real desrespeito à lei, os milagres seriam impossíveis. Mas, partindo do princípio de que todas as regras e limitações ordinárias do plano físico podem ser postas de lado ou suplantadas por uma compreensão acima delas, os milagres, no sentido coloquial do termo, podem acontecer e acontecem.

Suponhamos, para dar um exemplo, que, numa certa segunda-feira, as coisas que se relacionam com você, leitor, estejam de maneira tal que, humanamente falando, certas consequências resultarão, sem dúvida, antes do fim da semana. Podem ser consequências legais, talvez de natureza muito desagradável, a seguir a alguma decisão dos tribunais; ou podem ser consequências físicas, que se façam sentir no próprio organismo. Um médico competente pode decidir ser absolutamente necessária uma operação arriscada, ou pode até sentir que é seu dever dizer que não há chance de o paciente se recuperar. Ora, se alguém puder elevar sua consciência acima das limitações do plano físico em conexão com o assunto – e esta é apenas uma descrição científica do que comumente se chama prece –, então as condições nesse plano se alterarão e, de uma forma totalmente imprevisível e normalmente impossível, a tragédia legal desaparecerá, com vantagem para todas as partes interessadas, ou o paciente se curará, em vez de ter de sofrer a intervenção ou morrer.

Em outras palavras, os milagres, no sentido popular do termo, podem acontecer e acontecem em decorrência da oração. *A oração muda realmente as coisas.* Faz com que elas aconteçam de maneira inteiramente diferente daquela que aconteceriam, se a oração não tivesse sido feita. Não importa qual o tipo de dificuldade por que você esteja passando. Não importam as causas que a tenham provocado. A oração o tirará da dificuldade, se você persistir bastante em seu apelo a Deus.

A oração é, no entanto, ao mesmo tempo uma ciência e uma arte. Foi ao ensino dessa ciência e dessa arte que Jesus dedicou a maior parte de seu ministério. Os milagres descritos nos Evangelhos aconteceram porque Jesus possuía o entendimento espiritual que lhe concedeu maior poder de oração do que a qualquer outro, antes ou depois.

Vejamos agora uma outra tentativa de interpretar os Evangelhos. Tolstoi tentou fazer do Sermão da Montanha um guia prático de vida, seguindo seus preceitos ao pé da letra e ignorando a interpretação espiritual, de que não se dava conta, ou o Plano do Espírito, em que não acreditava. Descartando toda a Bíblia, exceto os quatro Evangelhos, e descontando todos os milagres, fez uma tentativa heroica, porém fútil, de combinar Cristianismo e materialismo. Naturalmente, fracassou. Seu verdadeiro papel na história acabou sendo não o de fundador de um novo movimento religioso, e sim o de um homem cujo anarquismo prático, promulgado com o fogo do gênio, abriu caminho para a revolução bolchevista, da mesma forma que Rousseau preparou o caminho para a Revolução Francesa.

É a Chave Espiritual que desvenda o mistério dos ensinamentos bíblicos em geral e dos Evangelhos em particular. É a Chave Espiritual que explica os milagres e mostra que eles foram realizados a fim de provar-nos que também nós podemos realizar milagres e, com isso, vencer o pecado, a doença e as limitações. Com essa chave, podemos pôr de lado a inspiração verbal e todo o literalismo supersticioso, compreendendo, porém, que a Bíblia é realmente o mais precioso e o mais autêntico dos bens do homem.

Externamente, a Bíblia é uma coleção de documentos inspirados, escritos por homens de todos os tipos, em toda a classe de circunstâncias e durante centenas de anos. Os documentos, conforme chegaram às nossas mãos, raramente são originais, e sim redações e compilações de fragmentos mais antigos. Os nomes dos que os escreveram também raramente são conhecidos. Isso, contudo, não afeta em nada o objetivo espiritual da Bíblia; na verdade, é algo inteiramente irrelevante. O Livro, como o conhecemos, é um reservatório inexaurível de Verdade Espiritual, compilado sob inspiração divina, e o caminho pelo qual atingiu sua forma presente não interessa. O nome de quem escreveu esse ou aquele capítulo não tem mais importância do que teria o nome do seu amanuense, se ele tivesse usado um. A Sabedoria Divina é a autora – e isso é tudo o que nos interessa. A chamada Crítica Superior interessa-se exclusivamente pelos aspectos exteriores, ignorando completamente o conteúdo espiritual das Escrituras e, do ponto de vista espiritual, não tem qualquer importância.

História, biografia, poema lírico e outras formas poéticas são alguns dos meios pelos quais a mensagem espiritual nos é transmitida na Bíblia; acima de tudo, porém, é a parábola que é utilizada para transmitir a verdade espiritual e metafísica. Em alguns casos, o que deveria ser apenas uma parábola foi, em certa ocasião, tomado como um fato literal; o que fez com que, muitas vezes, a Bíblia parecesse ensinar coisas que se opõem ao senso comum. A história de Adão e Eva e do Jardim do Éden é um exemplo disso. Corretamente interpretada, essa é talvez a mais bela parábola de todas; seu autor nunca pretendeu apresentá-la como fato histórico, mas foi o que fizeram pessoas de mentalidade literal, com toda a sorte de consequências absurdas.

A Chave Espiritual para a Bíblia salva-nos de todas essas dificuldades, de todos os dilemas e aparentes incongruências. Livra-nos das falsas posições do ritualismo, do evangelismo e do chamado liberalismo porque nos dá a Verdade. E a Verdade nada mais é do que o fato extraordinário, mas inegável, de que todo o mundo exterior – seja o corpo físico, as situações comuns da vida, os ventos e a chuva, as nuvens ou a própria Terra – está ao alcance do pensamento humano e de que o homem pode dominá-lo desde que o conheça. O mundo exterior, longe de ser a prisão de circunstâncias que geralmente se supõe, na verdade não tem nenhum caráter próprio, bom ou mau. Só tem o caráter que lhe damos através de nossa maneira de pensar. É naturalmente plástico ao nosso pensamento, queiramos nós ou não, tenhamos ou não consciência disso.

Durante todo o dia, os pensamentos que nos ocupam a mente, o nosso Lugar Secreto, como Jesus lhe chama, moldam nosso destino para o bem ou para o mal: a verdade é que toda a experiência de nossa vida não é senão a expressão exterior do pensamento interior.

Ora, podemos escolher nossos pensamentos. Pode ser um pouco difícil romper com um mau hábito de pensamento, mas não é impossível. Podemos escolher como havemos de pensar – na verdade, sempre escolhemos – e, portanto, nossas vidas são apenas o resultado do tipo de pensamentos que escolhemos abrigar; por conseguinte, nós é que determinamos nossa própria vida e, pois, reina perfeita justiça no universo. Ninguém sofre pelo pecado original de outro homem, e sim pelo que a própria pessoa semeia. Possuímos livre-arbítrio, mas ele repousa na nossa escolha de pensamentos.

Eis, em essência, o que Jesus ensinou. É essa, conforme veremos, a mensagem dominante transmitida pela Bíblia, embora nem sempre seja expressa com igual clareza. Na parte inicial do livro, ela aparece, mas velada, como a luz filtrada por um abajur; porém, à medida que o tempo passa, os véus vão sendo removidos e a luz brilha cada vez com mais força, até se derramar, clara e desimpedida, nos ensinamentos de Jesus. A Verdade nunca muda, mas temos que contar com sua apreensão pelo homem, que tem progredido sempre, com o correr do tempo. Na realidade, aquilo a que damos o nome de progresso não é senão a expressão exterior, que corresponde à ideia, cada vez mais nítida, que a humanidade tem de Deus.

Jesus Cristo resumiu essa Verdade, ensinou-a completa e integralmente e, acima de tudo, demonstrou-a em sua própria pessoa. Quase todos nós podemos agora vislumbrar intelectualmente a ideia do que ela deve significar em sua totalidade e muito do que deve inevitavelmente decorrer de sua compreensão adequada. Mas o que podemos demonstrar é algo muito diferente. Aceitar a Verdade é o primeiro grande passo, mas só depois de a termos provado por atos podemos considerá-la nossa. Jesus provou tudo o que ensinou, mesmo a vitória sobre a morte, no que chamamos Ressurreição. Por motivos que não posso discutir aqui, cada vez que você vence uma dificuldade por meio da oração, você ajuda toda a raça humana, passada, presente e futura, de um modo geral; e a ajuda a vencer essa dificuldade em particular. Suplantando todas as limitações a que está sujeita a humanidade e, principalmente, vencendo a morte, Jesus realizou algo de valor incalculável e único para a raça humana, sendo por isso justamente chamado de Salvador do mundo.

Num momento que considerou oportuno, resolveu resumir todos os seus ensinamentos numa série de conferências, ou sermões, que provavelmente se estenderam por vários dias, numa média provável de dois ou três sermões diários. Essa série de conferências tem sido comparada – e não despropositadamente – a uma espécie de curso de férias, como os que temos hoje em dia.

Jesus aproveitou essa oportunidade para sistematizar sua mensagem, com o intuito de, digamos assim, pôr os pingos nos "is". Vários dos presentes naturalmente tomaram notas e, mais tarde, essas notas foram transformadas no que chegou até nós como o Sermão da Montanha. Os autores dos quatro Evangelhos selecionaram o material para suas monografias de acordo com seus objetivos, e é Mateus quem nos dá a versão mais completa e cuidadosa dos ensinamentos. Sua versão do Sermão da Montanha é uma codificação quase perfeita da religião de Jesus Cristo e, por isso, escolhi-a como a base deste livro. Engloba o essencial. É prática e pessoal, definida, específica e, ao mesmo tempo, muito esclarecedora. Uma vez compreendido o verdadeiro significado dos ensinamentos, resta apenas começar a pô-los fielmente em prática para se obterem resultados imediatos. A magnitude e a extensão desses resultados dependerão tão só da sinceridade e da integridade com que eles forem aplicados. Isso é algo que cada pessoa tem que decidir por si mesma. "Nenhum homem pode salvar a alma de seu irmão, nem pagar sua dívida." Podemos e devemos ajudar-nos uns aos outros em ocasiões especiais, mas, de modo geral, cada qual tem de aprender a fazer seu trabalho e a não mais "pecar", o que acarretará sobre a pessoa consequências funestas.

Se você realmente quiser mudar sua vida e modificar-se a si mesmo – tornar-se uma pessoa completamente diferente, aos olhos de Deus e dos homens –, se realmente desejar ter saúde e paz de espírito, além de desenvolvimento espiritual, leia o Sermão da Montanha, pois nele Jesus lhe mostra claramente o que fazer. A tarefa não é fácil, mas sabemos que pode ser realizada porque há quem a tenha levado a cabo... mas é preciso pagar um preço, que é o de seguir esses princípios em todos os setores de sua vida, em todas as transações diárias, queira você ou não e, principalmente, quando você não tiver vontade de segui-los.

Se está preparado para pagar esse preço, para romper de verdade com o homem que você é e iniciar a criação de um homem novo, o estudo deste grande sermão será, para você, o mesmo que escalar a Montanha da Redenção.

As Bem-aventuranças

E Jesus, vendo a multidão, subiu a uma montanha e, assentando-se, dele se aproximaram os seus discípulos;
E ele abriu a boca e os ensinou, dizendo:
Bem-aventurados os pobres de espírito, porque deles é o Reino dos Céus.
Bem-aventurados os que choram, porque serão consolados.
Bem-aventurados os mansos, porque eles herdarão a terra.
Bem-aventurados os que têm fome e sede de justiça, pois serão saciados.
Bem-aventurados os misericordiosos, pois obterão misericórdia.
Bem-aventurados os puros de coração, pois verão a Deus.
Bem-aventurados os pacificadores, pois serão chamados filhos de Deus.
Bem-aventurados os que são perseguidos por razões de justiça, porque deles é o Reino dos Céus.
Bem-aventurados sois vós, quando vos injuriem e persigam e falsamente vos caluniem por minha causa.
Exultai e alegrai-vos, porque grande será a vossa recompensa no céu; pois assim perseguiram os profetas que existiram antes de vós.

Mateus 5*

---

* As citações bíblicas desta tradução são transcrições literais do "Novo Testamento", uma edição de Gideões Internacionais.

O Sermão da Montanha começa com as Oito Bem-aventuranças. Esse é um dos trechos mais conhecidos da Bíblia. Mesmo aqueles cujo conhecimento das Escrituras é limitado a meia dúzia dos capítulos mais familiares já leram as Bem-aventuranças. Infelizmente, porém, quase nunca as compreendem e, em geral, tomam-nas como conselhos para atingir a perfeição sem procurar ver nelas uma aplicação à vida cotidiana. Isso porque não possuem a Chave Espiritual.

As Bem-aventuranças são realmente um poema em prosa composto de oito versos, que constituem praticamente um sumário de todos os ensinamentos de Cristo. É uma sinopse mais espiritual do que literária, que sintetiza mais o espírito dos ensinamentos do que sua expressão literal. Esse resumo é muito característico do antigo método oriental de ensinar religião e filosofia e lembra o Caminho de Oito Voltas do budismo, os Dez Mandamentos de Moisés e outras sínteses de ideias.

Jesus preocupou-se exclusivamente em ensinar princípios gerais, que sempre se relacionavam com estados mentais, pois ele bem sabia que, quando os estados mentais da pessoa são corretos, tudo o mais segue o caminho certo, ao passo que, se eles forem errados, nada mais pode ser certo. Ao contrário de outros grandes mestres religiosos, ele não nos dá instruções detalhadas sobre o que devemos ou não fazer; não nos diz o que comer ou beber, ou para não comer ou beber determinadas coisas; não nos diz para observarmos certos rituais em determinadas ocasiões ou estações. De fato, todos os seus ensinamentos são antirritualísticos e antiformalistas. Jesus tinha pouca paciência com os sacerdotes judeus e sua teoria de salvação através das observâncias do Templo. "É chegada a hora em que nem nesta montanha, nem em Jerusalém, adorarei o Pai. É chegada a hora em que o verdadeiro fiel adorará o Pai em espírito e verdade; pois o Pai busca esses para adorá-Lo. Deus é espírito e os que o adorarem terão de adorá-Lo em espírito e em verdade."

Os fariseus, com seu severo código de observâncias exteriores, eram o único povo com quem Jesus se mostrava realmente intolerante. Um fariseu consciencioso nesse tempo – e a maioria era extremamente consciente, de acordo com seu ponto de vista – tinha de atender a um enorme número de detalhes exteriores, todos os dias, antes de sentir que estava satisfazendo às exigências divinas. Um rabino dos nossos tempos calculou em não menos de 600 o número desses detalhes e, como é evidente que nenhum ser humano poderia observar tudo isso na prática, o resultado natural era que a pessoa, consciente de não estar cumprindo com todos os seus deveres, deveria necessariamente viver numa crônica sensação de estar em pecado. Ora, acreditar que se peca é, para os fins práticos, pecar, com todas as consequências decorrentes dessa condição. A atitude de Jesus contrasta com isso porque seu objetivo é antes evitar que a pessoa se apoie em coisas exteriores, seja para sua gratificação, seja para sua salvação espiritual, e inculcar uma nova atitude mental, o que é expresso nas Bem-aventuranças.

Bem-aventurados os pobres de espírito, porque deles é o Reino dos Céus.

Logo de início temos de levar em conta algo de grande importância para o estudo da Bíblia, ou seja, que ela está escrita num idioma próprio, e que os termos e expressões e, por vezes, até mesmo as palavras, são usados na Bíblia num sentido bem diferente do de todos os dias. Isso além do fato, a que também temos de prestar atenção, de que certas palavras mudaram de significado desde que a Bíblia foi traduzida.

A Bíblia é, na verdade, um texto de metafísica, um manual para o crescimento da alma, e encara todas as questões desse ponto de vista. Por este motivo, todos os assuntos são nela tratados com a máxima amplidão. A Bíblia vê todas as coisas em relação à alma humana e usa muitos termos comuns num sentido muito mais amplo do que vulgarmente lhes é atribuído. Por exemplo, a palavra "pão" na Bíblia significa não apenas qualquer espécie de alimento físico, que é o sentido mais amplo que "pão" tem na literatura em geral, mas todas as coisas de que o homem necessita – todas as coisas materiais, como roupa, abrigo, dinheiro, educação, companheirismo etc; e também todas as coisas espirituais, como a percepção, a compreensão e, principalmente, a realização espiritual. "O pão nosso de cada dia nos dai hoje." "Eu sou o pão da vida." "A menos que comerdes deste pão..."

Um outro exemplo é a palavra "prosperidade". No sentido bíblico, "prosperidade" e "prosperar" significam muito mais do que a aquisição de bens materiais. Significam ser bem-sucedido na oração. Do ponto de vista da alma, ser bem-sucedido na oração é a única espécie de prosperidade que vale a pena e, se nossas preces forem bem-sucedidas, obteremos, naturalmente, todas as coisas materiais de que precisamos. Uma certa quantidade de bens materiais é, evidentemente, essencial, mas na realidade as riquezas materiais são a coisa menos importante que há na vida e é por isso que a Bíblia dá à palavra "próspero" o seu verdadeiro significado.

Ser *pobre de espírito* não tem a mesma acepção que hoje em dia. Ser *pobre de espírito* significa ter-se despido de todo o desejo de exercer a vontade pessoal, e, o que é igualmente importante, ter renunciado a todas as opiniões preconcebidas na busca de Deus. Significa estarmos dispostos a pôr de lado nossos hábitos atuais de pensamento, nossos atuais preconceitos e pontos de vista, e até mesmo, se necessário, nosso modo de vida atual; pôr de lado, enfim, tudo o que puder interpor-se à nossa procura de Deus.

Uma das passagens mais tristes de toda a literatura é a história do Jovem Rico que perdeu uma das maiores oportunidades e "se afastou tristemente porque tinha grandes propriedades". Essa é, no fundo, a história da humanidade em geral. Rejeitamos a salvação que Jesus nos oferece – nossa chance de encontrar Deus

– porque "temos grandes posses"; não por sermos muito ricos em termos de dinheiro, pois a maioria das pessoas não o é, mas por termos grandes posses sob a forma de ideias preconcebidas – confiança em nosso próprio julgamento e nas ideias que nos são familiares; orgulho espiritual originado da excelência acadêmica; ligação sentimental ou material a instituições e organizações; hábitos de vida a que não desejamos renunciar; preocupação com o respeito dos outros ou, talvez, medo do ridículo público; ou um interesse em honrarias e distinções mundanas. E todas essas posses nos mantêm agrilhoados à rocha do sofrimento que é nosso exílio de Deus.

O Jovem Rico é uma das figuras mais trágicas da história, não porque fosse rico, pois a riqueza em si não é nem boa nem má, mas porque seu coração estava escravizado pelo amor ao dinheiro, que Paulo nos diz ser a raiz de todos os males. Poderia ter sido multimilionário em prata e ouro, mas, se seu coração não estivesse preso às riquezas materiais, ele seria tão livre quanto o mais pobre dos mendigos de entrar no Reino dos Céus. Mas ele confiava em suas riquezas e isso lhe fechou as portas do céu.

Por que razão a Mensagem de Cristo não foi recebida com aplausos pelos eclesiásticos de Jerusalém? Porque eles eram grandes proprietários – proprietários de sabedoria rabínica, donos de honrarias e cargos de grande importância pública, na qualidade de mestres oficiais da religião – e teriam que sacrificar essas posses para aceitar os ensinamentos espirituais de Jesus. As pessoas humildes e incultas, que ouviam o Mestre com satisfação, felizmente não tinham tais posses para afastá-las da Verdade.

Por que, nos tempos modernos, quando a mesma simples Mensagem de Cristo quanto à imanência e à disponibilidade de Deus, ou quanto à Luz Interior, que arde eternamente na alma do homem, mais uma vez fez sua aparição no mundo, foi novamente, na maioria das vezes, bem recebida apenas entre os simples e os iletrados? Por que não foram os bispos, os deões, os moderadores, os ministros e os presbíteros que a transmitiram ao mundo? Por que não foi Oxford, ou Cambridge, ou Harvard, ou Heidelberg, o centro de onde partiu esse conhecimento, dentre todos o mais importante? De novo, a resposta é: porque tinham grandes bens – grandes bens de orgulho intelectual e espiritual, grandes bens de autossatisfação e autossegurança, grandes bens de galardões acadêmicos e prestígio social.

Os *pobres de espírito* não sofrem de nenhum desses empecilhos, ou porque nunca os tiveram, ou porque se elevaram acima deles, através da compreensão espiritual. Libertaram-se do amor ao dinheiro e à propriedade, do medo da opinião pública e da desaprovação de parentes ou amigos. Não mais se ajoelham diante da autoridade humana, por mais augusta que seja. Não têm mais certeza absoluta de suas opiniões. Compreenderam que suas mais arraigadas crenças provavelmente estavam erradas e que todas as suas ideias e opiniões sobre a vida podem ser falsas e precisar de revisão. Estão prontos a recomeçar do zero e reaprender a vida.

Bem-aventurados os que choram, porque serão consolados.

O sofrimento e a tristeza em si não são sentimentos bons, pois a Vontade de Deus é que todo mundo experimente felicidade e sucesso. Diz Jesus: "Vim para que pudessem ter vida e para que pudessem tê-la de maneira mais abundante." Não obstante, as atribulações e o sofrimento são muitas vezes extremamente úteis, porque muitas pessoas não se dão ao trabalho de aprender a Verdade enquanto não são impelidas a isso pela tristeza e pelo fracasso. O sofrimento torna-se, então, algo relativamente bom. Mais cedo ou mais tarde, todos os seres humanos terão de descobrir a Verdade sobre Deus e entrar em contato direto com Ele. Terão de adquirir a compreensão da Verdade, o que os libertará, de uma vez por todas, de suas limitações tridimensionais e de suas decorrências: pecado, doença e morte. Mas a maioria das pessoas não se lança à procura de Deus senão quando levadas a isso por algum problema. O homem não precisa ter problemas porque, se desde o princípio procurar Deus, os problemas não surgirão. Há sempre a possibilidade de aprender por meio do desenvolvimento espiritual ou pela experiência dolorosa e a culpa é só sua se escolher esta última.

Geralmente, é só quando a saúde está abalada e os recursos médicos comuns falharam que as pessoas se preocupam em obter a compreensão espiritual do corpo, que, como a verdadeira personificação da Vida Divina, é nossa única garantia de vencer a doença e, ultimamente, a morte. Contudo, se as pessoas se voltassem para Deus e adquirissem um pouco dessa compreensão enquanto sua saúde ainda está boa, nunca precisariam ficar doentes.

Da mesma forma, geralmente é só quando as pessoas sentem na carne o aguilhão da pobreza, isto é, quando as fontes ordinárias de suprimento secam, que elas se voltam para Deus como último recurso e aprendem que o Poder Divino é, realmente, a *Fonte* alimentadora do homem e que todos os agentes materiais não passam de simples canais.

Ora, essa lição tem que ser aprendida e muito bem compreendida antes que o homem possa passar a qualquer experiência mais elevada ou mais ampla do que a presente. Na Casa do nosso Pai há muitas mansões, mas a chave para as mansões mais elevadas é sempre a aquisição do completo domínio sobre aquela que habitamos. Por isso, é uma grande coisa sermos compelidos a abordar logo a questão da fonte. Se as pessoas prósperas, enquanto o são, reconhecerem em Deus sua verdadeira *Fonte* e orarem regularmente por mais compreensão espiritual nessa questão, nunca precisarão sofrer pobreza ou preocupações financeiras. Ao mesmo tempo, têm de ter o cuidado de utilizar bem seus recursos atuais, não acumulando egoisticamente riquezas, mas reconhecendo em Deus o proprietário e em si mesmas apenas os Seus administradores. O comando do dinheiro envolve uma responsabilidade à qual não se pode fugir. É preciso dispensá-lo sabiamente ou aceitar as consequências.

Este princípio geral aplica-se a todas as nossas dificuldades, não só aos problemas físicos ou financeiros, como a todos os outros males de que a carne é herdeira. Problemas de família, brigas e separação, pecado e remorso, entre outros, nunca precisariam existir, se procurássemos, antes de mais nada, o Reino de Deus e do Bom Entendimento; mas, se não fizermos isso, eles virão e, para nós, esse sofrimento será uma bênção disfarçada, pois é através dele que seremos "consolados". E, por consolo, a Bíblia refere-se à experiência da Presença de Deus, que é o fim de todo sofrimento.

As igrejas ortodoxas mostram-nos um Cristo crucificado, morto na Cruz; mas a Bíblia nos dá o Cristo Ressuscitado e Triunfante.

Bem-aventurados os mansos, porque eles herdarão a terra.

Superficialmente, esta Bem-aventurança parece ter muito pouco significado e mesmo essa pouca significação parece ser contrariada pelos fatos da vida cotidiana. Nenhuma pessoa sensata, que olhasse em volta ou estudasse história, poderia, com sinceridade, aceitar isso textualmente, e a maioria dos cristãos honestos sente que sem dúvida era assim que as coisas deveriam ser, mas na prática não são.

Só que essa atitude não serve. Mais cedo ou mais tarde, a alma atinge um ponto em que as evasivas e os sofismas têm de ser postos de lado de uma vez por todas e os fatos da vida encarados de frente e a qualquer custo.

Ou Jesus quis dizer aquilo que disse, ou não quis dizer; e ou ele sabia do que estava falando, ou não sabia. E se o que ele disse não é para ser tomado a sério, somos levados a uma posição que nenhum cristão gostará de aceitar – que Jesus estava dizendo algo em que realmente não acreditava, como fazem as pessoas inescrupulosas, ou que estava falando bobagem. Temos de encarar esse fato logo no princípio do nosso estudo deste Sermão da Montanha. Ou Jesus é para ser levado a sério, ou não é, neste caso, seus ensinamentos deveriam ser totalmente postos de lado e as pessoas deveriam deixar de se chamar a si mesmas cristãs. Usar seu nome em vão, dizer que o Cristianismo é a Verdade divinamente inspirada, jactar-se de ser cristão, para depois, na prática, fugir a todas as implicações definidas de seus ensinamentos, é de uma hipocrisia e de uma franqueza fatais. Ou Jesus é um guia em quem se deve confiar, ou não é. Se vamos confiar nele, partamos do princípio de que ele sabia o que estava dizendo, e que conhecia, melhor do que ninguém, a arte de viver. Os problemas e sofrimentos que a humanidade sofre devem-se, realmente, ao fato de que nosso modo de vida é tão oposto à Verdade que as coisas que Jesus ensinou e as coisas que ele disse nos parecem, à primeira vista, absurdas e loucas.

O fato é que os ensinamentos de Jesus, quando corretamente compreendidos, são não só verdadeiros, como perfeitamente praticáveis; na verdade, é a mais praticável de todas as doutrinas. Descobrimos, então, que ele não era nenhum sonhador sentimental, nenhum propagador de frases vazias, mas sim o realista inflexível que só um grande místico pode ser; e toda a essência de seus ensinamentos e de sua aplicação prática é resumida neste texto.

Esta Bem-aventurança inclui-se entre a meia dúzia de versos mais importantes da Bíblia. Se você entrar na posse do significado espiritual deste texto, terá o Segredo do Domínio – o segredo de poder vencer toda a espécie de dificuldade. É, literalmente, a Chave da Vida. É a Mensagem de Jesus Cristo reduzida a uma simples frase, a Pedra Filosofal dos alquimistas, que transforma o metal inferior das limitações e dos problemas no ouro do "consolo", ou verdadeira harmonia.

Observamos que há duas palavras-chave no texto: "mansos" e "terra". Ambas são usadas num sentido especial e altamente técnico e precisam ser desvendadas, para que se descubra o maravilhoso significado que elas encerram. Antes de mais nada, a palavra "terra", na Bíblia, não significa apenas o globo terrestre, e sim manifestação. A manifestação, ou expressão, é o resultado de uma causa. Uma causa que precisa ser expressa ou manifestada antes que possamos saber algo a respeito dela, e, contrariamente, toda expressão ou manifestação tem de ter uma causa. Ora, aprendemos na Metafísica Divina e, particularmente, no Sermão da Montanha, que *toda a causalidade é mental*, e que nosso corpo e tudo o que nos diz respeito – nossa casa, nosso ofício, nossas experiências – não são senão a manifestação de nossos estados mentais. O fato de não termos consciência da maioria dos nossos estados mentais não quer dizer nada, porque eles estão presentes em nosso subconsciente, não obstante os termos esquecido, ou nunca nos termos dado conta deles.

Em outras palavras, nossa "terra" significa o conjunto de nossas experiências exteriores, e "herdar a terra" quer dizer ter domínio sobre essas experiências, ou seja, ter o poder de fazer com que nossas condições de vida redundem em harmonia e autêntico sucesso. "Toda a terra ficará cheia com a glória do Senhor." Sua alma habitará a vontade e Sua semente (orações) herdará a terra." "O Senhor reina, que a terra exulte." Vemos, pois, que, quando a Bíblia fala da terra – possuir a terra, governar a terra, glorificar a terra, e assim por diante – está-se referindo às nossas condições de vida, desde nossa saúde corporal até o mais ínfimo detalhe de nossas ocupações. Por isso, este texto se propõe dizer-nos como devemos possuir, ou governar nossas vidas e nossos destinos.

Vejamos agora como isso deve ser feito. A Bem-aventurança diz que o domínio, isto é, o poder sobre as condições de nossas vidas, deverá ser obtido de uma certa forma, pela mais inesperada das maneiras – nada mais, nada menos do que através da mansidão. Acontece, porém, que também a palavra "mansidão" é usada num sentido especial. Seu significado verdadeiro nada tem a ver com o sentido atribuído à palavra atualmente. Na verdade, poucas qualidades são mais desagradáveis na natureza humana do que aquela que hoje em dia é denotada pela palavra "mansidão". Para o leitor moderno, "manso" sugere uma criatura sem espírito, despida de coragem e de respeito por si própria, sem valor para si mesma nem para ninguém, rastejando sobre a terra como um verme e, provavelmente, também hipócrita e mesquinha. Sugere o bajulador Uriah Heep, de Dickens, ou umas de outras ruínas morais e espirituais tão bem caracterizadas pelo mesmo autor. Mas Dickens sempre usava personagens como esses para pô-los em ridículo ou com uma intenção acauteladora, nunca como modelos. O leitor moderno, com essas conotações da palavra em mente, chega ao Sermão da Montanha e rejeita seus ensinamentos porque, logo no início, lhe dizem que o domínio é dos mansos, doutrina essa que ele não pode aceitar.

O verdadeiro significado da palavra "mansos" na Bíblia é uma atitude mental, para a qual não existe nenhuma outra palavra e é essa atitude mental que constitui o segredo da "prosperidade" ou do sucesso na oração. Trata-se de uma combinação de largueza de espírito, fé em Deus e a certeza de que a Vontade de Deus em relação a nós é sempre algo jubiloso, interessante e vital, muito melhor do que qualquer coisa que pudéssemos pensar para nós mesmos. Esse estado de espírito inclui também o desejo de deixar que a Vontade de Deus se manifeste da maneira que a Sabedoria Divina achar melhor, em vez de mostrar-se de uma forma que nós próprios tivermos escolhido.

Essa atitude mental, complexa quando analisada porém simples em si mesma, é a Chave do Domínio, ou sucesso na demonstração. Não existe uma palavra para expressá-la na linguagem comum, porque se trata de algo que não existe, exceto para aqueles que possuem a Base Espiritual dos ensinamentos de Jesus Cristo. Mas, se desejarmos "herdar a terra", precisamos adquirir essa "mansidão".

Moisés, que era tão extraordinariamente bem-sucedido na oração – venceu a velhice a ponto de manifestar-se no corpo físico de um jovem no vigor da vida, quando, segundo o calendário, tinha 120 anos de idade, e depois transcendeu a matéria, ou "se desmaterializou" sem morrer – era conhecido, acima de tudo, por essa qualidade: "tão manso como Moisés". Além de sua demonstração pessoal, devemos recordar que Moisés realizou uma autêntica proeza para seu povo, livrando-o do domínio egípcio apesar de enormes dificuldades (pois o Êxodo foi a grande "demonstração" de Moisés e de alguns espíritos avançados que o ajudavam) e influenciando todo o curso da história por seus ensinamentos e seus feitos. Moisés tinha um espírito aberto, pronto a aprender coisas novas, novas maneiras de pensar e de agir. Não rejeitava as revelações por serem novas e revolucionárias, como teria feito a maioria de seus colegas da hierarquia egípcia, satisfeitos consigo mesmos e com sua maneira de pensar e de agir. Ele não estava, ao menos no princípio, livre de sérias falhas de caráter, mas era por demais grande para sentir orgulho intelectual ou espiritual e por isso conseguiu livrar-se aos poucos desses defeitos, à medida que a nova verdade modificava sua alma.

Moisés compreendeu perfeitamente que se conformar rigorosamente à Vontade de Deus, longe de implicar perda de algum bem, só podia significar alcançar uma vida melhor e mais esplêndida. Por conseguinte, não pensou nisso como um sacrifício, pois sabia que essa era a mais elevada forma de autoglorificação, no verdadeiro e maravilhoso sentido do termo. A autoglorificação do egoísta é a vaidade mesquinha, que acaba levando à humilhação. A verdadeira autoglorificação, que é realmente gloriosa, é a glorificação de Deus – "O Pai dentro de mim. Ele é que faz as obras." "Eu em Ti e Tu em Mim." Moisés tinha uma perfeita compreensão do poder que a Palavra falada tem de atrair o bem, o que equivale à fé científica. Foi um dos homens "mais mansos" que já viveram, e ninguém, exceto o Salvador, *herdou a terra* em tão alto grau.

Há um maravilhoso ditado oriental, segundo o qual "A mansidão compele o próprio Deus".

Bem-aventurados os que têm fome e sede de justiça, pois serão saciados.

A "justiça" é outra das grandes Palavras-Chave da Bíblia, uma dessas chaves que o leitor precisa ter, se quiser entender o verdadeiro significado do livro. Como "terra", "manso" e "consolo", trata-se de um termo usado num sentido especial e bem definido.

A justiça significa, na Bíblia, não apenas uma conduta reta, como uma maneira reta de pensar em todos os assuntos, em todos os setores da vida. À medida que formos estudando o Sermão da Montanha, veremos que todas as suas cláusulas reiteram a grande verdade de que as coisas exteriores não são senão a expressão ou a representação exterior de nossas crenças e de nossos pensamentos interiores; de que temos domínio ou poder sobre nossos pensamentos para poder pensar como queremos; e assim, indiretamente, construímos ou destruímos nossas vidas por nossa maneira de pensar. Jesus nos diz constantemente que não temos poder direto sobre as coisas exteriores porque elas são apenas as consequências ou, se preferirem, as imagens resultantes do que ocorre no Lugar Secreto. Se nos fosse possível afetar diretamente as coisas exteriores, sem mudar nossa forma de pensar, isso significaria que poderíamos pensar uma coisa e fazer outra, o que seria contrário à Lei do Universo. Na realidade, esta ideia falsa é que está na origem de todos os problemas do homem – de todas as doenças, de todos os pecados, de todas as lutas, de toda a pobreza e até da própria morte.

Entretanto, a Grande Lei do Universo é justamente esta – que o que você pensa, em sua mente, é o que reproduzirá em sua experiência. *O que está por dentro aparece por fora.* Não se pode pensar uma coisa e fazer outra. Se você quiser controlar as circunstâncias que lhe trarão harmonia e felicidade, terá primeiro que sintonizar seus pensamentos para a harmonia e a felicidade, e depois as coisas exteriores se seguirão. Se você quiser saúde, precisará primeiro pensar em saúde; e, lembre-se, pensar em saúde não significa apenas pensar num corpo saudável, por mais importante que isso seja, mas inclui também pensar em paz e em contentamento e em boa vontade para todos, porque, como veremos mais adiante no Sermão, a emoção destrutiva é uma das principais causas da doença. Se você quiser desenvolver-se e crescer no conhecimento de Deus, terá de ter pensamentos espirituais – pensar em Deus – e dedicar sua atenção, ou seja, sua vida, a Deus, em vez de às limitações.

Se quiser prosperidade material, terá primeiro de pensar na prosperidade e depois *habituar-se* a fazer isso, pois o que faz com que a maioria das pessoas seja pobre é simplesmente o hábito de pensar na pobreza. Se quiser uma companhia afim, se quiser ser amado, deverá primeiro pensar em amor e em boa vontade. *O querer bem gera o bem querer* é outra maneira de enunciar a Grande Lei, ou seja, que a pessoa colhe o visível de acordo com a maneira como semeia em seus pensamentos. "Todas as coisas se aliam para o bem para aqueles que amam o bem", e amar o bem significa ocupar-se com pensamentos bons.

Quando as pessoas despertam para um conhecimento dessas grandes verdades, tentam, naturalmente, começar a aplicá-las às suas próprias vidas. Compreendendo, finalmente, a importância vital da "justiça" ou de ter apenas pensamentos harmoniosos, elas, como pessoas sensatas, começam imediatamente a procurar pôr sua casa em ordem. O princípio é perfeitamente simples, mas, infelizmente, pô-lo em prática está longe de ser fácil. E qual será a explicação para isso? A resposta está na força extraordinária do hábito; e os hábitos de pensamento são ao mesmo tempo os de caráter mais sutil e os mais difíceis de romper. Comparativamente falando, é fácil acabar com um hábito físico, desde que a pessoa se esforce, porque a ação no plano físico é muito mais lenta e mais palpável do que no plano mental. Ao lidar, porém, com hábitos do pensamento, não podemos, por assim dizer, recuar e olhar de longe, como quando contemplamos nossas ações. Nossos pensamentos fluem através do nível da consciência numa corrente ininterrupta, tão rapidamente que só uma vigilância incessante pode acompanhá-los. Além disso, o teatro de nossas ações é a área de nossa presença imediata. Só posso agir onde estou. Posso dar ordens por escrito ou por telefone, posso apertar um botão e provocar resultados a distância; mas, mesmo assim, minha ação acontece onde estou e no momento presente. Em pensamento, ao contrário, posso controlar toda a minha vida, inclusive todas as pessoas com as quais me preocupo ou com as quais de alguma forma já estive relacionado, e mergulhar no passado ou no futuro com igual facilidade. Vemos, portanto, quão mais difícil é a tarefa de pensar harmoniosamente ou de conseguir justiça do que à primeira vista parece.

Por esta razão, muitas pessoas desanimam e se autocondenam quando não conseguem alterar rapidamente toda a corrente de pensamento sobre todos os aspectos de sua vida – destruir o velho Adão, como diz Paulo – num período muito curto. Naturalmente, este é um erro grave, e, incidentalmente, como a autocondenação, um pensamento essencialmente negativo e, por conseguinte, injusto, que tende a gerar ainda mais problemas, formando um círculo vicioso. Se você não consegue progredir com a rapidez desejada, o remédio é ter ainda mais cuidado de abrigar apenas pensamentos harmoniosos. Não fique pensando em seus erros ou na lentidão de seu progresso, mas conclame ainda mais a Presença de Deus. Peça Sabedoria. Peça Poder ou prosperidade na oração. Faça um inventário mental de sua vida e veja se não está pensando de maneira errada, num ou noutro setor de sua mente. Há algo de errado com a linha de conduta que você continua seguindo? Existe alguém a quem você ainda não tenha perdoado? Alimenta alguma espécie de ódio ou desprezo de tipo racial, religioso ou político? Pode acontecer que este sentimento se esconda sob o manto da virtude. Se for esse o caso, rasgue o manto e livre-se dessa coisa má, que lhe está envenenando a vida. Seu coração abriga alguma espécie de ciúme? Pode ser algo pessoal ou profissional. Este sentimento odioso é bem mais comum do que as pessoas civilizadas gostariam de admitir. Se esse for o caso, expulse a qualquer custo este sentimento. Algum arrependimento sentimental ou desejo do impossível? Se assim for, pense que, como um ser imortal e sob o domínio espiritual do Filho de Deus, nada de bom está fora de seu alcance. Não perca mais tempo chorando o que já passou, mas procure tornar o presente e o futuro uma esplêndida realização de todos os seus mais caros desejos. Remorsos por erros passados? Lembre-se de que o remorso, ao contrário do arrependimento, é apenas uma forma de orgulho espiritual. Deleitar-se nele, como fazem algumas pessoas, é trair o amor e o perdão divinos, pois Deus, através de Seu Filho, nos diz: "Olhai que eis chegado o dia da salvação." "Olhai como torno todas as coisas novas."

    Nesta Bem-aventurança, Jesus diz-nos para não desanimarmos por não vencermos tudo ao mesmo tempo, por nos parecer que progredimos lentamente. Se não estivermos fazendo nenhum progresso, não poderemos orar de maneira certa e cumpre-nos descobrir por que, examinar nossa vida e pedir a Deus orientação e sabedoria. Na verdade, devemos sempre pedir isso e que o Espírito Santo aja sobre nós, para que a qualidade de nossas orações – ou seja, nossa prosperidade – possa aumentar sempre. Mas se estamos fazendo o possível, se as coisas estão melhorando, embora talvez não muito depressa, não temos por que desanimar. Precisamos apenas trabalhar com constância e, desde que nossos esforços sejam realmente sinceros, desde que realmente sintamos *fome e sede de justiça,* acabaremos, sem dúvida, sendo saciados. Não é possível que uma procura sincera da verdade e da justiça, desde que perseverante, não seja coroada com sucesso. Deus não é enganado, nem engana Seus filhos.

Bem-aventurados os misericordiosos, pois obterão misericórdia.

Esta é uma breve síntese da Lei da Vida, que Jesus desenvolve completamente no Sermão (Mateus 7: 1-5). Da forma em que é apresentada, esta Bem-aventurança não precisa de grandes comentários, porque as palavras nela empregadas têm o significado que até hoje lhes damos na vida cotidiana e a afirmação nela contida é tão clara e óbvia quanto a lei em questão é simples e inflexível.

O ponto que o cristão científico precisa observar é que, como de hábito, a importância vital do princípio enunciado nesta Bem-aventurança está em sua aplicação à esfera do pensamento. O que realmente importa é que a pessoa seja misericordiosa em sua maneira de pensar. Boas ações acopladas a maus pensamentos são simples hipocrisia, ditada pelo medo ou pelo desejo de sobressair, ou por qualquer outro motivo. São mentiras, que não abençoam nem a quem as faz, nem a quem as recebe. Por outro lado, o pensar bem sobre nossos semelhantes os abençoa espiritual, mental e materialmente, ao mesmo tempo que também nos abençoa. Sejamos misericordiosos ao julgar mentalmente nossos irmãos, porque, na verdade, somos todos um só, e quanto mais profundamente nosso irmão parece errar, mais urgente é nossa necessidade de ajudá-lo com o pensamento certo e tornar-lhe mais fácil libertar-se. Você, que compreende o poder da Ideia Espiritual, da Verdade de Cristo, tem uma responsabilidade que outros não têm; procure não fugir a ela. Quando os erros de seu semelhante lhe chegarem aos ouvidos, lembre-se de que o Cristo que há dentro dele está pedindo ajuda a você, que está iluminado, e seja misericordioso.

Por sermos todos um só de fato e de verdade, partes componentes da roupagem viva de Deus, você acabará recebendo o mesmo tratamento que dá aos outros; receberá a mesma ajuda piedosa, quando precisar, dos que estiverem em condições de lhe dar a mão. Acima de tudo, é verdade que, ao libertar os outros do peso de sua condenação, você torna possível absolver-se a si mesmo da autocondenação.

Bem-aventurados os puros de coração, pois verão a Deus.

Eis um dos maravilhosos aforismos de que a Bíblia é tão rica; um resumo, em poucas palavras, de toda a filosofia da religião. Como de costume nas Escrituras, as palavras são usadas num sentido específico e têm um significado muito mais amplo do que aquele que lhes atribuímos na vida cotidiana.

Comecemos por considerar a promessa implícita nesta Bem-aventurança: nada mais, nada menos do que *ver a Deus*. Ora, todo mundo sabe que Deus não tem forma corpórea e, por conseguinte, não se trata de "vê-lo" no sentido físico ordinário em que se vê um ser humano ou um objeto. Se fosse possível enxergar Deus dessa maneira, Ele teria de ser limitado e, portanto, não ser Deus. "Ver", no sentido bíblico, significa ter percepção espiritual, ou seja, a capacidade de compreender a verdadeira natureza de Existir, de que todos nós tantos carecemos.

Vivemos no mundo criado por Deus, mas não o conhecemos como ele é. O céu está à nossa volta – não é um lugar distante, perdido no firmamento, e sim algo que está ao redor de nós –, mas, como nos falta percepção espiritual, não sabemos reconhecê-lo, isto é, somos incapazes de experimentá-lo e, portanto, naquilo que nos diz respeito, podemos dizer que o Céu nos é vedado. Contactamos um pequeníssimo fragmento dele, fragmento esse a que chamamos universo; mas mesmo esse fragmento não conseguimos ver bem. O Céu é o nome religioso da Presença de Deus e é infinito; mas nossos hábitos mentais levam-nos a moldar nossa experiência em apenas três dimensões. O Céu é Eternidade, mas o que conhecemos aqui é apenas uma sequência chamada "tempo", que nunca nos permite compreender uma experiência em sua totalidade. Deus é a Mente Divina, e nessa Mente não existem limitações ou restrições; contudo, vemos tudo distribuído naquilo a que chamamos "espaço", ou seja, espaçado – uma restrição artificial, que continuamente inibe o constante reagrupar de nossas experiências, exigido por nosso pensamento criativo.

O Céu é o Reino do Espírito, da Substância; sem idade, discórdia ou decadência; um reino de bondade eterna; e, no entanto, nossa visão distorcida faz com que tudo envelheça, decaia, se gaste; nascer apenas para morrer, florescer apenas para murchar.

Nossa posição é semelhante à de um homem daltônico num belo jardim cheio de flores. Está cercado de cores maravilhosas, mas ele não as distingue e vê tudo preto, cinza ou branco. Se não tiver também olfato apurado, muito pouco da beleza do jardim chegará até ele. No entanto, ela existe, só que ele não a consegue sentir.

Esta limitação do homem é conhecida, em teologia, como a "Queda do Homem", e se origina no nosso uso do livre-arbítrio em oposição à Vontade de Deus. "Deus criou o homem a Sua semelhança, mas ele quis inventar muita coisa." Nossa tarefa é vencer essas limitações o mais rapidamente possível, até podermos ver as coisas como elas realmente são – experimentar o Céu como ele realmente é. É isso o que significa "ver a Deus" e vê-Lo "face a face". Ver a Deus é compreender a Verdade como ela é, o que significa gozar de liberdade infinita e de felicidade perfeita.

Esta maravilhosa Bem-aventurança ensina-nos exatamente como levar a cabo essa suprema tarefa e quem há de realizá-la: os *puros de coração*. Novamente, é preciso entender que as palavras "puro" e "pureza" são usadas num sentido muito mais lato do que aquele que geralmente lhes é atribuído. Pureza, na Bíblia, significa muito mais do que pureza física, por mais importante que ela seja. Em seu sentido completo, pureza é reconhecer em Deus a única e verdadeira Causa e o único Poder real que existe. Aquilo que, no resto do Sermão, é chamado "o único olho" é a Chave Mestra da vida. Nada mais nada menos do que o segredo de escapar à doença, aos problemas, às limitações, ou seja, vencer a Queda do Homem. Dessa forma, poderíamos fazer a seguinte paráfrase:

"Bem-aventurados os que reconhecem em Deus a única Causa real, a única verdadeira Presença e o único Poder verdadeiro; não apenas de maneira teórica ou formal, mas prática, específica e sinceramente, por meio de todos os seus pensamentos, atos e palavras; e não apenas em algumas partes de suas vidas, mas em todos os cantos mais recônditos de suas existências e mentalidades, não Lhe escondendo nada, mas harmonizando perfeitamente suas vontades com a Dele – pois hão de vencer todas as limitações de tempo, espaço, matéria e espírito carnal, e gozar da Presença de Deus para sempre."

Observem como soa desajeitada qualquer paráfrase das verdades contidas na Bíblia, cotejada com a incomparável graça e concisão do texto inspirado por Deus. Apesar disso, cada um de nós deve ocasionalmente parafrasear, à sua maneira, os textos mais familiares das Escrituras, pois isso nos ajudará a compreender exatamente o significado que lhes atribuímos, ou chamar nossa atenção para um sentido importante, que até então nos tinha escapado. Note-se que Jesus fala dos *puros de coração*. A palavra "coração", na Bíblia, costuma querer dizer a parte da mente do homem a que a psicologia moderna dá o nome de "subconsciente". Isso é muito importante, pois não nos basta aceitar a Verdade apenas conscientemente. Nesse plano, ela é apenas uma opinião. Só quando ela é aceita pelo subconsciente e assimilada por toda a mente é que pode fazer alguma diferença no caráter ou na vida da pessoa. "Como um homem pensa em seu coração, assim é ele."

"Guarda o teu coração com toda a diligência, pois dele saem as raízes da vida."

A maioria das pessoas, principalmente as cultas, tem muitos conhecimentos que de maneira nenhuma afetam ou melhoram suas vidas. Os médicos sabem tudo sobre a higiene, mas muitas vezes vivem de maneira nada saudável; e os filósofos, que estão a par da sabedoria acumulada durante anos, continuam a fazer coisas estúpidas e se sentem, consequentemente, infelizes e frustrados. Ora, tais conhecimentos não passam de opiniões, ou conhecimentos *cerebrais* (intelectuais) como algumas pessoas lhes chamam. Precisam ser incorporados ao subconsciente, transformar-se em conhecimentos verdadeiros, para poderem afetar ou modificar realmente nossa maneira de ser e de viver. Os modernos psicólogos estão na pista certa, quando se esforçam para "reeducar o subconsciente", embora ainda não tenham descoberto a maneira de fazer isso, que é através da prece científica ou da Prática da Presença de Deus.

Naturalmente, Jesus compreendeu tudo isso e eis por que sublinha que precisamos ser *puros de coração*.

Bem-aventurados os pacificadores, pois serão chamados filhos de Deus.

Temos aqui uma valiosa lição prática da arte de orar – e a oração, não convém esquecer, é a única maneira que temos de comungar com Deus. Para o leitor casual, esta Bem-aventurança pode parecer apenas uma generalização religiosa convencional, ou até mesmo uma sentença vazia, do tipo muitas vezes empregado por pessoas ansiosas por se mostrarem edificantes, mas que nada de particular têm para dizer. Na verdade, a oração é a única ação real, no sentido mais amplo do termo, porque é a única coisa que modifica nosso caráter. Uma mudança de caráter, como uma mudança de alma, é uma verdadeira mudança. Quando este tipo de mudança ocorre, nos tornamos pessoas diferentes e, portanto, passamos o resto da vida agindo de maneira diferente da que agíamos e segundo a qual teríamos continuado a agir, se não tivéssemos orado. Em outras palavras, a pessoa torna-se diferente. O grau de diferença pode ser muito pequeno a cada vez que você ora; não obstante, ele ocorre, pois não se pode orar sem se ficar até certo ponto diferente. Quando a pessoa sente muito fortemente a Presença de Deus, a mudança no caráter é muito grande e dramática, alterando, num abrir e fechar de olhos, a atitude, os hábitos, toda a vida de quem a sofre. Existem muitos exemplos deste fenômeno, tanto no Oriente quanto no Ocidente: são os casos genuínos do que costumava ser denominado "conversão". Como a mudança causada pela oração é radical, Jesus refere-se a ela como um "novo nascimento". Como ela é capaz de transformá-lo num homem diferente, parece, realmente, que você nasceu de novo. A palavra "oração" deveria ser compreendida como incluindo qualquer forma de comunhão ou tentativa de comunhão com Deus, seja ela vocal ou puramente mental. Inclui tanto a oração afirmativa como a invocatória, cada qual com seu papel determinado; a meditação; e a mais elevada de todas as formas de oração, que é a contemplação.

Na ausência da oração, tudo o que você pode fazer é expressar o caráter que lhe é próprio, nas circunstâncias em que você se encontrar. Tanto é assim que a maioria dos seus amigos estará preparada para predizer qual sua conduta nos mais variados tipos de crise que você possa vir a ter que enfrentar. Modificando seu caráter, a oração torna possível uma nova reação.

O essencial, para se ter sucesso na oração – para se conseguir essa sensação da Presença de Deus, que é o segredo de se curar a si próprio e também aos outros; para conseguir inspiração, que é o alimento da alma; para adquirir desenvolvimento espiritual –, é atingirmos, antes de mais nada, um certo grau de verdadeira paz de espírito. Essa paz de espírito interior era conhecida entre os místicos como *serenidade*, e eles nunca se cansavam de nos dizer que a serenidade é o grande passaporte para a Presença de Deus – para o mar calmo como um espelho, que rodeia o Grande Trono Branco. Isso não quer dizer que não se possam vencer até mesmo as dificuldades mais sérias por meio da oração sem que se tenha serenidade, porque, naturalmente, isso é possível. De fato, quanto maior for a dificuldade em que a pessoa se encontre, menos serenidade ela terá, e a serenidade em si pode ser alcançada por meio da oração, perdoando aos outros e a si mesmo. Mas é preciso ter serenidade antes de se conseguir o verdadeiro progresso espiritual; e é a essa serenidade, a essa tranquilidade fundamental da alma, que Jesus se refere pela palavra "paz" – a paz que ultrapassa toda a compreensão humana.

Os *pacificadores* mencionados nesta Bem-aventurança são os que tornam possível existir essa paz verdadeira, ou *serenidade*, em suas almas, pois são eles que vencem as limitações e se tornam, de fato – e não apenas potencialmente –, os *filhos de Deus*. Esta condição da mente é o objetivo de Jesus em todas as lições que ele nos dá no Sermão da Montanha e no resto da Bíblia. "Paz eu deixo convosco, minha paz eu vos dou... não deixeis que vosso coração fique perturbado, nem que ele sinta medo." Enquanto houver medo, ou ressentimento, ou qualquer perturbação em nosso coração, ou seja, enquanto houver falta de serenidade, ou de *paz*, pouco nos será possível alcançar.

Um certo grau de serenidade é essencial para se conseguir uma verdadeira concentração.

Naturalmente, ser um *pacificador*, no sentido comum de acabar com as brigas de outras pessoas, é algo excelente, mas, como todas as pessoas práticas sabem, um papel extremamente difícil de assumir. Ao interferir nas brigas dos outros, é sempre muito mais fácil piorar as coisas do que melhorá-las. A opinião pessoal quase sempre se intromete em nossos esforços e é bastante provável que ela esteja errada. Se você puder fazer com que ambas as pessoas encarem o objeto de disputa de maneira nova, isso, naturalmente, será bom; mas, por outro lado, se você só conseguir um compromisso no qual elas consintam em concordar por motivos de interesse próprio ou como resultado de algum tipo de coerção, o problema terá sido sanado apenas superficialmente e não haverá paz verdadeira, pois nenhuma das duas pessoas estará satisfeita e com vontade de perdoar.

Uma vez compreendido o poder da oração, você poderá acabar com muitas querelas da maneira correta, provavelmente sem nem precisar falar. O pensamento silencioso do Poder do Amor e da Sabedoria fará com que todos os problemas desapareçam quase que imperceptivelmente. E então, o que for melhor para todos acontecerá, sob a influência da Palavra falada silenciosamente.

Bem-aventurados os que sofrem perseguição por causa da justiça, porque deles é o Reino dos Céus. Bem-aventurados sois vós, quando nos injuriarem e perseguirem e, mentindo, disserem todo o mal contra vós por minha causa. Exultai e alegrai-vos, porque é grande o vosso galardão no Céu; pois assim perseguiram os profetas que foram antes de vós.

Tendo em vista o que sabemos sobre o caráter essencial dos ensinamentos de Cristo, que a Vontade de Deus para nós é harmonia, paz e alegria, e que essas coisas serão alcançadas cultivando-se os pensamentos retos, ou a "justiça", esta é uma afirmação surpreendente. Jesus diz-nos repetidamente que nosso Pai tem prazer em nos dar o Reino e que o alcançaremos cultivando a serenidade, ou a paz de espírito. Diz que os *pacificadores* que fazem isso, orando em "mansidão", obterão prosperidade, herdarão a terra, terão seus sofrimentos transformados em alegria e que, seja o que for que pedirem ao Pai, Ele fará. Contudo, eis que nos dizem que seremos bem-aventurados se formos perseguidos como resultado de nosso pensamento reto, ou "retidão", pois por isso triunfaremos; que ser acusado e caluniado é causa de alegria e que os Profetas e os Grandes Iluminados também sofreram o mesmo.

Tudo isto é, na verdade, surpreendente e perfeitamente certo; apenas precisamos compreender que a fonte de todas essas perseguições somos nós mesmos. Não se trata de um perseguidor de fora, mas da parte mais baixa de nós mesmos. Quando achamos muito difícil pensar com retidão, quando nos sentimos fortemente tentados a abrigar pensamentos maus sobre qualquer situação ou qualquer pessoa, inclusive nós mesmos; quando cedemos ao medo, ou à raiva, ou ao desânimo, estamos sendo *perseguidos por causa da justiça*, o que para nós é uma condição abençoada ou extremamente feliz, pois é nesses momentos que realmente progredimos. Todo tratamento espiritual ou toda a oração científica envolve uma disputa com a parte mais baixa de nós mesmos, que deseja continuar a pensar como dantes e, de fato, nos persegue e calunia – se quisermos dizer as coisas dramaticamente, à maneira oriental. Todos os grandes Profetas e Iluminados que acabaram vencendo, o fizeram após lutarem consigo mesmos, quando estavam sendo perseguidos por suas naturezas mais baixas, ou o Velho Adão. O próprio Jesus, "que foi tentado de todas as maneiras, como nós somos", teve mais de uma vez que se haver com essa "perseguição", principalmente no Jardim de Getsemane e, durante alguns momentos, até mesmo na Cruz. Ora, como esses combates com nossa natureza inferior têm de ser travados mais cedo ou mais tarde, quanto mais cedo eles tiverem terminado, melhor, e, por isso, relativamente falando, são uma grande bênção.

É preciso notar que não há nenhuma virtude nem vantagem em ser perseguido ou incomodado por outras pessoas. Nada pode advir das experiências por que passamos, a menos que elas encontrem em nós algo com que se "sintonizem"; por isso, experimentar dificuldade é apenas um sinal de que nossa maneira de pensar necessita ser modificada, *pois o que a gente vê, a qualquer momento, nada mais é do que nosso próprio conceito*. Neste ponto existe um grave perigo para as pessoas fracas, vaidosas ou que apregoam virtude. Como os outros não as tratam como elas gostariam de ser tratadas, como não recebem a consideração que provavelmente não merecem, sentem-se muitas vezes inclinadas a dizer que estão sendo "perseguidas" por causa de sua superioridade espiritual e a dar-se ares absurdos. Ora, isso não passa de uma farsa patética. Em consequência da Grande Lei da Vida, da qual o Sermão da Montanha é uma exposição, só podemos obter o que nos pertence e ninguém pode evitar que o consigamos; por isso, todas as perseguições e todos os obstáculos vêm de dentro.

    Apesar da tradição sentimental, não há virtude alguma em ser mártir. Se o mártir possuísse uma compreensão suficiente da Verdade, não lhe seria necessário passar por essa experiência. Jesus não foi um "mártir". Poderia ter-se salvo a qualquer momento, se tivesse desejado fugir à crucificação. Era necessário que alguém triunfasse sobre a morte, após ter morrido, para tornar possível demonstrá-lo a nós. Mas ele optou por fazer algo para nós à sua maneira, e não foi martirizado. Se você se fixar no martírio, considerando-o, como tantos o fizeram, como o bem supremo, você tenderá – como tudo em que você fixar sua atenção – a atraí-lo. Embora possamos invejar as alturas morais e espirituais que eles alcançaram, sabemos que, se os mártires tivessem "amado" suficientemente seus inimigos – ou seja, amado seus inimigos no sentido científico de conhecer a Verdade sobre eles –, o perseguidor romano, até mesmo Nero, lhes teria aberto as portas da prisão e os fanáticos da Inquisição teriam sido forçados a reconsiderar sua causa.

Como um homem pensa

Vós sois o sal da terra; e se o sal for insípido, com o que se há de salgar? Para nada mais presta senão para se lançar fora e ser pisado pelos homens.
Vós sois a luz do mundo, não se pode esconder uma cidade edificada sobre um monte.
Nem se acende a candeia e se coloca debaixo do alqueire, mas no velador; e dá luz a todos que estão na casa.
Assim resplandeça a vossa luz diante dos homens, para que vejam as vossas boas obras e glorifiquem a vosso Pai, que está nos céus.

Mateus 5

Nesta maravilhosa passagem, Jesus dirige-se àqueles que despertaram para a compreensão da escravidão material e adquiriram alguma compreensão espiritual da natureza do Ser. Ou seja, ele se dirige aos que compreendem o significado da Totalidade de Deus, ou do Bem, e da impotência do mal em face da Verdade. Descreve essas pessoas como sendo o *sal da terra e a luz do mundo*; na verdade, isto não é dizer muito daqueles que compreendem a Verdade e que *realmente vivem a vida segundo ela*. É possível e, de fato, muito fácil aceitar esses princípios vitais como sendo verdadeiros; amar a beleza que há neles e, no entanto, não os pôr consistentemente em prática na nossa própria vida. Mas essa é uma atitude perigosa, pois, nesse caso, *o sal é insípido* e para nada mais presta senão para se lançar fora e ser pisado pelos homens.

Se você compreender e aceitar os ensinamentos de Jesus, e se envidar todos os esforços para os pôr em prática em todos os setores de sua vida cotidiana; se procurar sistematicamente destruir em si tudo que você sabe que não devia existir, coisas como o egoísmo, o orgulho, a vaidade, a sensualidade, o fariseísmo, o ciúme, a autopiedade, o ressentimento, a condenação, e assim por diante – não as alimentando, não cedendo a elas, mas fazendo-as perecer e recusando-lhes toda a expressão; se estender os pensamentos lealmente retos a todas as pessoas e coisas que você conhece, principalmente às pessoas e às coisas de que você não gosta, então você será digno de ser chamado *o sal da terra.*

Se viver a vida de acordo com esses princípios, não importa quais sejam as suas circunstâncias atuais, ou quais as dificuldades com que você terá de se defrontar, triunfará sobre todas elas e poderá manifestar-se. E não só você poderá manifestar-se no tempo mais curto possível, como será, num sentido muito positivo e literal, uma influência benfazeja e iluminadora para todos os que o cercam e uma bênção para toda a raça humana. Será bênção para homens e mulheres em lugares e tempos remotos, homens e mulheres de que você nunca ouviu falar e que nunca ouviram falar de você – *uma luz do mundo,* por mais espantoso e maravilhoso que isso possa parecer.

O estado de sua alma é sempre expresso em suas condições exteriores e na influência intangível que você irradia. Há uma Lei Cósmica segundo a qual nada pode negar permanentemente sua própria natureza. Disse Emerson: "O que você é brada tão alto, que não consigo ouvir o que você diz." Na Bíblia, "cidade" sempre quer dizer consciência, e "monte" ou "montanha" sempre significam oração ou atividade espiritual. "Levantei meus olhos para os montes de onde vem meu socorro." "Se o Senhor não guardar a cidade, o vigia trabalhará em vão." A alma que se baseia na oração não pode ser escondida, brilha durante toda a vida. Fala por si mesma, mas em completo silêncio, e faz muito do seu melhor trabalho inconscientemente. Sua simples presença faz bem e abençoa a todos os que a cercam, sem precisar fazer qualquer esforço especial.

Nunca procure forçar outras pessoas a aceitarem a Verdade Espiritual. Em vez disso, faça com que elas fiquem tão favoravelmente impressionadas por sua vida e por sua conduta, pela paz e pela alegria que irradiam de sua pessoa que venham correndo para você por sua livre vontade, suplicando-lhe que lhes dê essa coisa maravilhosa que você tem. "Eu (a Verdade de Cristo), se erguido bem alto, atrairei todos os homens para mim." Isso é fazer com que sua alma seja realmente *a cidade edificada sobre um monte que não pode ser escondido,* pois ela é a Cidade de Ouro, a Cidade de Deus. Isso é fazer com que *resplandeça a vossa luz* para glorificar o vosso Pai, que está nos Céus

> Não cuideis que vim destruir a lei ou os profetas: não vim ab-rogar, mas cumprir.
> Porque em verdade vos digo que, até que o céu e a terra passem, nem um jota ou um til se omitirá da lei, sem que tudo seja cumprido.
> Qualquer, pois, que violar um destes mais pequenos mandamentos e assim ensinar aos homens, será chamado o menor no Reino dos Céus; aquele, porém, que os cumprir e ensinar será chamado grande no Reino dos Céus.
> Porque vos digo que, se a vossa justiça não exceder a dos escribas e fariseus, de modo nenhum entrareis no Reino dos Céus.
>
> (Mateus 5)

O verdadeiro Cristianismo é uma influência inteiramente positiva. Ocorre na vida de uma pessoa para aumentá-la e enriquecê-la, para torná-la mais completa, ampla e melhor; nunca para restringi-la. Você não pode perder nada que seja digno de possuir, por adquirir o conhecimento da Verdade. É preciso fazer sacrifício, mas apenas das coisas sem as quais a pessoa se sente muito mais feliz – nunca dê nada que realmente valha a pena ter. Muitas pessoas têm a ideia de que conhecer melhor a Deus significará abdicar de coisas que sentirão pena em perder. Disse uma jovem: "Pretendo abraçar a religião, mais tarde, quando for mais velha, mas primeiro quero divertir-me." Isso é não entender absolutamente nada. As coisas que são necessárias sacrificar são o egoísmo, o medo e a crença na limitação necessária de qualquer tipo. Acima de tudo, tem-se de sacrificar a crença de que existe qualquer poder ou durabilidade no mal, além do poder que nós mesmos lhe damos, acreditando nele. Aproximar-se mais de Deus não teria feito com que a jovem deixasse de se divertir; ao contrário, ela teria ganho muitíssimo em felicidade. É bem verdade que, à medida que a sua consciência fosse mudando, ela provavelmente passaria a achar que certas formas de prazer não mais a atraíam. Isso talvez tivesse acontecido, mas teria havido ampla compensação na nova luz que seria lançada em todas as fases de sua vida e nos novos e maravilhosos aspectos que o mundo começaria a lhe mostrar. Só as coisas que não valem a pena ter é que desapareceriam sob a ação da Verdade.

Se, por outro lado, alguém fosse insensato a ponto de supor que o conhecimento da Verdade da Existência pudesse colocá-lo "acima" da lei moral, no sentido de autorizá-lo a transgredi-la, logo descobriria que tinha cometido um erro trágico. Quanto mais conhecimento espiritual a pessoa possui, mais severo é o castigo que ela faz incidir sobre si mesma, com qualquer infração da lei moral. O cristão não pode permitir-se ser menos cuidadoso do que os outros, na observância do código moral em todos os aspectos de sua vida; pelo contrário, tem de ser muito mais cuidadoso do que as outras pessoas. De fato, toda a verdadeira compreensão espiritual tem de ser acompanhada por um progresso moral bem definido. Uma aceitação teórica da Verdade pode ir a par com o desmazelo moral (para grande perigo do delinqüente), mas é totalmente impossível fazer qualquer progresso espiritual, a menos que a pessoa procure honestamente viver de acordo com seus princípios. É completamente impossível divorciar o verdadeiro conhecimento espiritual de uma conduta reta.

Um "jota" (do grego *iota*) significa "yod", a menor letra que existe no alfabeto hebraico. O "til" é uma tradução livre de uma das diminutas projeções que distinguem uma letra hebraica de outra. O sentido é que não só se deve observar ao pé da letra a lei moral, como também os seus menores detalhes. Temos que exemplificar não apenas a moral comum, como os mais altos padrões da honra.

Apesar de seus defeitos, os escribas e os fariseus eram, em sua maioria, homens virtuosos, que levavam vidas estritamente morais, do seu ponto de vista. Infelizmente, atinham-se apenas à letra da lei, mas obedeciam integralmente a essa letra, cumprindo rigorosamente o que consideravam o seu dever. Seus defeitos eram as fraquezas fatais dos formalistas religiosos de todo o mundo, orgulho espiritual e achar que possuíam a chave da justiça. Eram, porém, completamente inconscientes desses defeitos – tal é o grande perigo das doenças da alma – e faziam o possível para cumprir a lei como eles a entendiam. Jesus sabia disso, dava-lhes valor por isso; e previne seus seguidores de que, a menos que sua conduta prática seja, sob todos os aspectos, tão boa, ou até melhor do que a dos escribas e fariseus, não devem pensar que estão progredindo espiritualmente. A realização espiritual e os mais altos padrões de conduta precisam andar de braços dados. Se ambos não estiverem presentes, é porque nenhum dos dois está.

À medida que você for progredindo no poder espiritual e na compreensão, descobrirá que muitas regras e regulamentos exteriores se tornarão desnecessários; mas isto ocorrerá porque você realmente se ergueu acima deles e nunca, mas nunca, por ter caído abaixo deles. Esse ponto de seu desenvolvimento, quando sua compreensão da Verdade lhe permite dispensar certas regras exteriores, é a Emancipação Espiritual. Quando você já não for espiritualmente menor, deixará de precisar de algumas das observâncias externas que antes lhe pareciam indispensáveis, mas sua vida será mais pura, mais verdadeira, mais livre e menos egoísta do que dantes; e esse é o teste.

Vamos dar um exemplo simples: algumas pessoas descobrem que, a uma certa altura de seu progresso, seus processos mentais ficam tão ordenados e claros que, com um pouco de concentração, podem fazer seu trabalho diário, manter em dia todos os seus compromissos e desincumbir-se de todos os seus deveres sem se preocupar em consultar o relógio ou mesmo usar um no pulso. Ora, por vezes acontece que um de seus amigos, sabendo disso e desejando competir com elas, deixa simplesmente o relógio em casa, resultando daí chegar atrasado a todo lugar, alterando todo seu ritmo de trabalho e o de outras pessoas, cujas conveniências ele não se preocupou em estudar. Quando a pessoa está espiritualmente pronta para dispensar o relógio, verifica que faz a coisa certa no momento certo, sem precisar pensar em relógio; ao passo que, quando necessita empreender esforços para não usar relógio e depois chega tarde a todos os compromissos, é prova de que ainda não está pronta para isso. O que essa pessoa deve fazer é usar relógio, seguir um horário e dedicar-se a coisas que realmente importam, como fazer bem a si mesma e aos outros, vencer o pecado, trabalhar para conseguir compreensão e sabedoria, e assim por diante. O mesmo ocorre com as coisas mais importantes da vida. Essa Emancipação Espiritual não pode ser apressada ou forçada, mas deve acontecer quando for a hora certa, quando a consciência estiver preparada, exatamente como a florescência de uma planta só pode resultar do crescimento natural. Você tem de se manifestar de acordo com o que puder. Tenha isso sempre presente e escreva na entrada de seu coração – *você precisa manifestar-se conforme puder*. Procurar manifestar-se além de sua compreensão não é espiritual. O desenvolvimento espiritual é uma questão de crescimento e aquele que crê não deverá apressar-se insensatamente. Fixe sua atenção em coisas espirituais e, entrementes, faça tudo o que for preciso fazer do modo convencional; e, sem procurar conscientemente se apressar, ficará espantado ao descobrir a velocidade com que sua alma progrediu.

Vamos dar um exemplo simples: imagine que, num acidente na rua, você veja que a vítima seccionou uma artéria e que o sangue está jorrando. O curso normal das coisas é que, a menos que se estanque o sangue, a vítima morra em poucos minutos. Ora, qual a atitude espiritual a se tomar em tal caso? Bem, não há nada mais simples. Assim que notar o que aconteceu, *deve dar a outra face*, conhecendo a Verdade da Onipresença de Deus. Se você tiver isso claro na cabeça, como aconteceria com Jesus, a artéria seccionada ficará imediatamente reparada e nada mais precisará ser feito. Entretanto, é muito pouco provável que você tenha uma compreensão suficientemente clara para conseguir isso, e assim – manifestando-se na medida de suas possibilidades –, precisará tomar as medidas de praxe para salvar a vida da vítima, improvisando imediatamente um torniquete, ou qualquer outra coisa que seja necessária.

Suponha agora que uma criança caia num canal e que você esteja passando por perto. Mais uma vez, a ação apropriada será "falar a Palavra" e, uma vez mais, se você tiver Poder Espiritual suficiente, a criança será imediatamente salva; mas se seu poder não for suficiente, você – manifestando-se na medida de seu alcance – terá de tentar salvá-la da melhor maneira possível, mergulhando no canal se isso for necessário, e rezando ao mesmo tempo em que age.

Mas, e a pessoa que está consciente de suas consideráveis imperfeições morais, talvez do hábito de pecar gravemente, e, ao mesmo tempo, deseja sinceramente progredir do ponto de vista espiritual? Deverá abandonar a busca pelo conhecimento espiritual até que tenha reformado sua conduta? De modo algum. Na verdade, qualquer tentativa de progredir moralmente sem progredir espiritualmente está condenada ao fracasso. Para usar a famosa frase de Lincoln, "assim como um homem não pode erguer-se do chão puxando pelos próprios cordões das botas, também um pecador não pode reformar-se por seus próprios esforços pessoais". O resultado de contar consigo mesmo em tais casos será o fracasso, o consequente desencorajamento e, provavelmente, o desespero de fazer o bem. A única coisa que a pessoa deve fazer é orar regularmente, em especial na hora da tentação, e delegar a responsabilidade do sucesso a Deus. Deve perseverar nisso, não importa quantas vezes fracasse; e se continuar a orar, especialmente se orar de maneira científica, não tardará a descobrir que o poder do mal foi por água abaixo e que está livre do pecado que a atormentava. Rezar cientificamente é afirmar sempre que Deus nos está ajudando, que a tentação não tem poder sobre nós e que nossa verdadeira natureza é espiritual e perfeita. Isso é muito mais efetivo do que apenas invocar a ajuda divina. Desta maneira, a regeneração moral e o desenvolvimento espiritual caminharão de mãos dadas. A vida cristã não exige que sejamos perfeitos de caráter, ou quem poderia vivê-la? O que ela requer é um esforço honesto e genuíno, em prol dessa perfeição.

Ouvistes que foi dito aos antigos: Não matarás; mas qualquer que matar será réu de juízo.

> Eu, porém, vos digo que qualquer que, sem motivo, se encorelizar contra seu irmão, será réu de juízo; e qualquer que disser a seu irmão: Raiva, será réu do sinédrio; e qualquer que lhe disser: Louco, será réu do fogo do inferno.
> Portanto, se trouxeres a tua oferta ao altar, e aí te lembrares de que teu irmão tem alguma coisa contra ti,
> Deixa ali diante do altar a tua oferta, e vai reconciliar-te primeiro com o teu irmão, e depois vem e apresenta a tua oferta.
>
> (Mateus 5)

A Velha Lei, tratando, como tratava, de um estágio anterior e inferior da consciência humana, preocupava-se necessariamente com coisas externas, pois a evolução aparente do homem é de fora para dentro, assim como o seu desenvolvimento básico espiritual é de dentro para fora. Começa por dar atenção exclusivamente às coisas exteriores, pensando achar nelas Causa, além de efeito; porém, à medida que progride, vai acordando para a verdade de que as coisas exteriores não passam do artigo acabado, o resultado de causas e acontecimentos interiores. Quando se alcança esse estágio, pode-se considerar definitivamente no caminho que leva a Deus. Assim, a Velha Lei preocupava-se, pelo menos na letra, quase que inteiramente com observâncias externas e era satisfeita quando estas eram cumpridas. Dizia "Não matarás" e, desde que a pessoa não cometesse assassinato, guardava a lei, muito embora tivesse desejado matar, ou continuasse odiando seu inimigo. Dizia "Não roubarás" e, desde que a pessoa não se apropriasse do que não lhe pertencia, cumpria a lei, fossem quais fossem seus sentimentos a respeito.

Jesus veio para fazer com que a raça humana progredisse na direção do passo mais importante, que pode ser o passo final para vencer todas as nossas limitações, se conseguirmos compreender claramente o que esse passo significa e soubermos dá-lo. O tema de todo o Sermão da Montanha, que em si representa a essência da mensagem cristã, é a insistência sobre a necessidade desse passo – compreensão de que a conformidade exterior, por mais essencial que seja, já não basta e que, se quisermos "emancipar-nos" espiritualmente, temos não só que nos conformarmos às regras exteriores, como também mudar o homem interior.

A Velha Lei dizia: "Não matarás", mas Jesus diz que mesmo o desejo de matar, mesmo a cólera contra nosso irmão são suficientes para fechar-nos as portas do Reino dos Céus, como realmente o são. Foi um progresso enorme persuadir o povo bárbaro e primitivo a não matar aqueles que o tinham ofendido, e sim a desenvolver autocontrole suficiente para dominar sua fúria. A manifestação espiritual exige que a ira seja dominada. É simplesmente impossível ter alguma experiência de Deus que seja válida, ou exercer muito poder espiritual, a menos que a pessoa tenha se livrado do ressentimento e do espírito de condenação para com seu semelhante. Enquanto você não estiver preparado para se livrar disso, suas orações terão muito pouco efeito. Pode-se dizer que, na oração, quanto mais amor, maior poder; e é por isso que as pessoas de percepção espiritual desenvolvida fazem tanto esforço para se manter livres de pensamentos de crítica e condenação. Sabem que podem manifestar-se ou indignar-se, mas não ambas as coisas, por isso não perdem tempo procurando combinar as duas.

Indignação, ressentimento, desejo de castigar outras pessoas ou de vê-las castigadas, desejo de "ficar quites", sentimento de "bem feito" – todas essas coisas formam uma barreira impenetrável ao poder ou progresso espiritual. Dramatizando isso à maneira oriental, Jesus diz que, se você levar uma oferta ao altar e se lembrar de que seu irmão tem algo contra você, deve primeiro fazer as pazes com seu irmão e só depois disso sua oferenda será aceitável. Todos nós sabemos que havia o costume de levar oferendas de todos os tipos ao Templo, desde vacas e touros até pombas e incenso ou, se fosse mais conveniente, uma oferta em dinheiro equivalente ao valor dessas coisas. Ora, aos olhos da Nova Lei, ou dispensação cristã, o nosso altar é a nossa consciência e as nossas oferendas são as nossas orações. Nossos "sacrifícios" são os pensamentos errados que destruímos ou queimamos no tratamento espiritual. E assim Jesus diz que, se quando formos orar nos lembramos de que abrigamos pensamentos errados ou maus sentimentos a respeito de nossos irmãos, sejam eles quais forem, e seja o objeto de nosso pensamento hostil um indivíduo ou um conjunto de pessoas, devemos parar e nos tratar até nos termos livrado desse sentimento de hostilidade e restaurado nossa integridade espiritual.

Jesus dá-nos essa tremenda lição, de novo por meio da tradição oriental, por meio de uma série de passos – três, neste caso. Diz primeiro que quem sentir raiva de seu irmão correrá perigo; segundo, que ser realmente, ou seriamente – poder-se-ia dizer rancorosamente – hostil para com outra pessoa é correr grave perigo; e, finalmente, que ter uma opinião tão baixa sobre um semelhante a ponto de o considerar, por assim dizer, fora do redil, é perder qualquer esperança de progresso espiritual enquanto permanecermos nesse estado de espírito. Chamar um homem de "louco", neste sentido, quer dizer que achamos que nada de bom pode advir dele, o que equivale a negar a presença de Cristo dentro dele; e fazer isso é atrair conseqüências muito sérias para nós mesmos.

Note-se que a versão autorizada da Bíblia, de longe a melhor para fins espirituais, comete aqui um erro sério, que foi corrigido na versão revista. Faz com que Jesus diga "Qualquer que, *sem motivo*, se encolerizar contra seu irmão", o que é um absurdo. Nenhuma pessoa sensata se encoleriza sem ter um motivo, por mais mesquinho e irrelevante que possa ser. O que Jesus disse foi que quem quer que se encolerizar contra seu irmão, sejam quais foram as circunstâncias, correrá perigo.

> Concilia-te depressa com o teu adversário, enquanto estás no caminho com ele, para que não aconteça que o adversário te entregue ao juiz e o juiz te entregue ao oficial, e te encerrem na prisão.
> Em verdade te digo que de maneira nenhuma sairás dali enquanto não pagares o último ceitil.
>
> (Mateus 5)

Este parágrafo é da máxima importância prática. Nele, Jesus enfatiza a lição contida em sua injunção de "vigiar e orar". É muito mais fácil vencer uma dificuldade se você a atacar imediatamente, assim que ela surgir, do que depois que o problema tiver tido tempo de se estabelecer em sua mente. Os soldados sabem que, enquanto as tropas estão marchando em campo aberto, não é difícil para o inimigo espalhá-las e dizimá-las, mas basta se entrincheirarem para ficar extremamente difícil erradicá-las. O mesmo acontece com o mal. No momento em que ele bate à sua porta, você deve imediatamente expulsá-lo, repudiá-lo, recusar-se a aceitá-lo e, afirmando calmamente a Verdade, negar-lhe todas as chances de se instalar. Se você fizer isso, verá que ele tem pouco ou nenhum poder sobre você. Esse procedimento envolverá uma luta e, por algum tempo, poderá parecer que o inimigo está ganhando terreno; mas se você o tiver atacado logo de início, ele acabará desaparecendo e você sairá vitorioso.

Por outro lado, aceitando o erro e *pensando nele*, você o incorpora à sua mente e, se continuar a fazer isso durante algum tempo, pode ficar muito difícil ver-se livre dele. Quase todos nós percebemos isso às nossas próprias custas. Quando aprendemos a orar cientificamente, achamos comparativamente fácil vencer novas dificuldades à medida que elas se apresentam, porém as mais antigas, cuja posição fortificamos através de uma longa aceitação, são difíceis de desalojar.

O SERMÃO DA MONTANHA

De acordo com seu costume quando desejava enfatizar um ponto particularmente importante, Jesus utilizou uma ilustração gráfica tirada da vida cotidiana das pessoas que o cercava. Naquele tempo, a lei que tratava dos devedores era extremamente severa. Quando uma pessoa estava em dívida, convinha-lhe entrar em entendimento com o credor o mais depressa e de qualquer maneira possível. Mesmo hoje, é muito importante que o devedor faça tudo para que o caso não vá a julgamento, pois há as custas a pagar. Elas são acrescidas à dívida original e quanto mais o processo se arrasta, mais se acumulam os honorários dos advogados, as custas e despesas de todos os tipos, como juros e multas, que oneram a dívida inicial. Há mesmo casos em que as custas acabam excedendo a dívida. O mesmo acontece com as várias dificuldades que se nos apresentam diariamente. A dificuldade original é muitas vezes multiplicada por nossos pensamentos errados a respeito dela e não nos vemos livres enquanto toda a dívida não é liquidada. Entrando em entendimento com o adversário, isto é, pensando logo de saída corretamente a respeito da dificuldade, não incorremos em "custas" e a transação torna-se simples.

Suponhamos que você começa a espirrar. Se disser: "Pronto, já peguei outro resfriado, que azar!" e ficar, como muita gente faz, matutando sobre o fato de ter pego um resfriado e sobre as várias inconveniências que se seguirão, estará dando ao resfriado a oportunidade de se instalar em sua mente. Algumas pessoas muitas vezes se entregam a uma verdadeira meditação sobre as doenças em geral e os resfriados em particular. Passam em revista os dias anteriores, no intuito de descobrir *quando* se resfriaram e provavelmente acabarão decidindo, com considerável satisfação, que deve ter sido por causa daquela janela aberta na terça-feira, ou de, na quarta, ter estado com um amigo que já estava resfriado, e assim por diante. Em seguida, começam a pensar em vários supostos remédios, os quais, não obstante, provaram ser inúteis no passado. Frequentemente, chegam mesmo a especular quanto tempo o resfriado irá durar, determinando um período definido entre 10 dias ou duas semanas, o qual, por alguma razão, supõem ser a duração natural de um resfriado. Em certos casos, vão ainda mais além, devido ao hábito de associar certos males secundários com o resfriado, tais como bronquite, surdez temporária, problemas de estômago e outras coisas mais. Ora, sabemos que esta é a maneira de atrair todas essas coisas e que, como consequência natural, em seu devido tempo elas surgirão.

Se a pessoa tiver algum conhecimento geral da Verdade, depois de algum tempo pensando desta maneira, começará a se tratar espiritualmente da melhor maneira possível. Mas a essa altura terá aumentado a tal ponto seu erro e terá permitido que ele se instale de tal forma, que a cura do resfriado será realmente uma tarefa difícil. Se, na primeira vez que o erro se apresentou à sua consciência – se, digamos, no primeiro momento que a possibilidade de pegar um resfriado lhe ocorreu, seja por espirrar, seja por sentir arrepios – ela tivesse imediatamente rejeitado tal pensamento, afirmando seu domínio e a Verdade, a coisa provavelmente não teria passado daí, ou teria cessado dentro de poucas horas.

A mesma regra se aplica a qualquer outra forma de pensamento negativo. As dificuldades de negócios ou de família deveriam ser encaradas exatamente da mesma maneira. Suponhamos que, ao abrir a correspondência do dia, você encontre más notícias no que diz respeito aos seus negócios. Pode ser uma circular informando que o banco em que a maior parte de seu dinheiro está depositada faliu. O costume, em tais casos, é aceitar o pior e ficar revolvendo a ideia. Muitas pessoas, num caso como este, ficariam o dia todo e, provavelmente, a noite inteira também pensando que estavam arruinadas e discutindo essa possibilidade, em detalhes, com outras pessoas, prevendo todo tipo de problemas e dificuldades que podem vir a acontecer. Além disso, acrescente-se, em muitos casos, um sentimento de ressentimento e condenação para com as pessoas – funcionários do banco e assim por diante – tidas como responsáveis. Ora, mesmo um conhecimento superficial do poder que provoca nossos pensamentos nos mostrará o resultado inevitável de tudo isso: aumentar e multiplicar os problemas, tornando cada vez mais difícil fugir deles.

Naturalmente, num caso desses, um estudante dos ensinamentos de Jesus Cristo trataria, mais cedo ou mais tarde, de afastar de sua mente esses pensamentos, substituindo-os por seu conhecimento da verdadeira Lei da Existência. Pode acontecer, porém, que, tendo sido apanhado de surpresa pelo golpe inesperado e sério, ele leve algum tempo até começar a lidar com o problema à luz da Verdade; e muitas vezes essa demora aumentará o problema. O que deve ser feito, segundo Jesus, é, tão logo a pessoa receba uma má notícia, voltar-se para Deus – nosso verdadeiro suporte – e recusar-se a aceitar a sugestão de que algum problema nos possa atacar, literalmente expulsando da mente o pensamento negativo, assim com o medo e o ressentimento que o acompanham. Se ela fizer isso, se não ceder enquanto sua paz de espírito não for restaurada, acabará por libertar-se de sua dificuldade. De uma maneira ou de outra, o problema desaparecerá e sua boa sorte voltará. Ou o banco se recuperará antes do que se pensava – e não há nenhuma razão para que as orações de uma pessoa não salvem o banco e o pecúlio de milhares –, ou se por alguma razão isso não for possível, a pessoa descobrirá que uma quantia em dinheiro igual ou maior do que a perdida no banco lhe virá de outra direção, provavelmente inesperada. "Aquele que invocar o nome do Senhor será salvo."

O mesmo princípio se aplicaria, naturalmente, a todo e qualquer tipo de dificuldade, já que a harmonia universal é a verdadeira Lei da Existência. Uma disputa, uma briga, um mal-entendido devem ser encarados da mesma maneira, tão logo a pessoa se der conta deles.

> Ouvistes que foi dito aos antigos: Não cometereis adultério.
> Eu, porém, vos digo que qualquer que atentar numa mulher para a cobiçar, já em seu coração cometeu adultério com ela.
>
> (Mateus 5)

Neste inesquecível parágrafo, Jesus enfatiza a Verdade-Chave, tão fundamental, porém tão insuspeitada pelo mundo em geral, que o que realmente interessa é o pensamento. As pessoas sempre se acostumaram a supor que, desde que seus atos estivessem em conformidade com a lei, já tinham feito tudo o que se esperava delas, e que seus pensamentos têm pouca importância, sendo exclusivamente de seu próprio interesse. Mas nós sabemos que qualquer ato exterior não é senão uma consequência de um pensamento, e que o tipo de pensamento que permitirmos tornar-se habitual, mais cedo ou mais tarde, encontrará expressão no plano da ação. Compreendemos agora, à luz do Cristianismo Científico, que os pensamentos são literalmente coisas, e que nossa escolha de conduta jaz realmente em nossa escolha do tipo de pensamentos que permitirmos ocupar nossa mente. Em outras palavras, descobrimos que um pensamento errado é tão destrutivo quanto um ato errado.

A consequência lógica deste fato inegável é surpreendente. Significa que, se você alimenta pensamentos de cobiça pelo dinheiro de seu semelhante, no fundo você é um ladrão, mesmo que não tenha se apossado desse dinheiro; e que, se continuar a nutrir tais pensamentos, será apenas uma questão de tempo antes que você se decida a roubá-lo. Se alimentar voluntariamente o ódio, no fundo você é um assassino, mesmo que não tenha levantado um dedo para matar. Aquele que no fundo é um adúltero está corrompendo sua alma, mesmo que nunca chegue a expressar seus pensamentos impuros no plano físico. Luxúria, ciúme, vingança, quando alimentados pela mente, acarretam o consentimento da alma, o que, por sua vez, acarreta o espírito do pecado, mesmo que as ações correspondentes ainda não tenham se materializado. "Guarda o teu coração com toda a diligência, pois dele saem as raízes da vida."

Não resistais ao mal

> Portanto, se o teu olho direito te escandalizar, arranca-o e atira-o para longe de ti, pois te é melhor que se perca um dos teus membros do que seja todo o teu corpo lançado no inferno.
> E se a tua mão direita te escandalizar, corta-a e atira-a para longe de ti, porque te é melhor que um dos teus membros se perca do que seja todo o teu corpo lançado no inferno.
>
> Mateus 5

A integridade da alma é a única coisa que importa. Nosso único problema é conseguir isso, nossa única necessidade é alcançar isso porque, quando a temos, temos tudo. Em seus ensinamentos, Jesus tem a intenção quase exclusiva de nos demonstrar a importância de salvar a integridade da alma e o que deveremos fazer para cumprir este objetivo. Insiste em que nenhum sacrifício é demasiado para garantir a integridade da alma. Tudo, mas *tudo* o que possa constituir obstáculo a isso deve ser afastado. Custe o que custar, a integridade da alma deve ser preservada, pois todas as outras coisas – comportamento, saúde, prosperidade, a própria vida – decorrem dela. É melhor sacrificar o olho direito, diz Cristo, ou cortar fora a mão direita, se necessário, a fim de garantir para a alma a luz da compreensão que equivale à salvação.

Não importa o que se interponha entre nós e nosso contato com Deus – seja o que for, *precisamos livrar-nos dele*. Pode ser um pecado, pode ser um velho ressentimento não perdoado, pode ser uma ambição desmedida pelas coisas deste mundo. Essas coisas, porém, são tão óbvias, que pelo menos o transgressor se dá conta delas; são as coisas mais sutis, como o amor-próprio e seu irmão, o virtuosismo, o orgulho espiritual, e assim por diante as mais difíceis de se detectar e exorcizar – mas isso precisa ser feito. Acontece, às vezes, que a prática de uma determinada profissão, ou a associação com determinadas pessoas, represente o obstáculo a ser removido; se assim for, não devemos hesitar em pagar o preço necessário para garantir a integridade da alma.

> Também foi dito: qualquer que deixar sua mulher, dê-lhe carta de divórcio.
> Eu, porém, vos digo que qualquer que repudiar sua mulher, a não ser por causa de prostituição, faz que ela cometa adultério, e qualquer que casar com a repudiada comete adultério.
> (Mateus 5)

Consta que, naquele tempo, a lei rabínica concedia o divórcio pelos motivos mais superficiais. Os casais que não se davam tão bem quanto desejariam, em vez de procurarem resolver seus problemas, corriam a pedir uma dissolução de seu casamento para tentar a sorte com outros. Ora, sabemos que não se pode conseguir felicidade permanente desta maneira. Enquanto você estiver fugindo de um problema, continuará a encontrá-lo sob um novo disfarce, a cada curva da estrada. A solução científica é enfrentar as dificuldades por meio de tratamento espiritual, ou orações científicas. Isso se aplica a problemas referentes ao casamento, tanto ou mais do que a qualquer outro tipo de problema. Como ninguém é perfeito e o queixoso sem dúvida tem seus defeitos, da mesma maneira que aquele de quem se queixa, a pessoa deve se esforçar e procurar fazer do atual casamento um sucesso, conhecendo a Verdade Espiritual sobre ambas as partes. Se o cônjuge ofendido conseguir enxergar resolutamente a Verdade de Cristo a respeito do outro, em quase todos os casos o resultado será uma solução feliz de seus problemas matrimoniais. Tenho conhecido muitos casos de casamentos que estavam a ponto de se dissolver e que foram salvos desta maneira, com os mais satisfatórios resultados. Disse uma mulher, após meses de tratamento espiritual de seus problemas: "O homem de quem eu ia me divorciar desapareceu e o homem com quem me casei voltou. Somos perfeitamente felizes outra vez."

Assim como estamos sempre mudando de emprego ou de casa, sem primeiro procurarmos mudar nossa maneira de pensar, deparamo-nos conosco mesmos repetindo as velhas condições de uma forma ligeiramente diferente, de modo que, via de regra, as pessoas que se divorciam e se casam várias vezes tendem a terminar tão insatisfeitas quanto começaram. A regra de ouro da Verdade é: enfrente seu problema onde você estiver e combata-o por meio da oração.

Não obstante, há um limite para o que um homem ou uma mulher podem suportar e, em casos excepcionais, não há dúvida de que o menor dos males é a dissolução do casamento; mas isso deve ser encarado como último recurso. Jesus evitava estipular regras muito severas para nossa conduta, sabendo que, se os princípios estivessem certos, tais coisas ocorreriam sem falhas; e podemos ter a certeza de que, com seu sentido prático e seu senso comum em lidar com os problemas da humanidade, em qualquer caso particular ele teria dado uma solução sábia e misericordiosa. Por exemplo, a mulher surpreendida em adultério, que deveria ter sido apedrejada até a morte pela lei de Moisés, ainda em uso naquele tempo, foi por Cristo perdoada e mandada ir em paz, num desafio à lei escrita. De qualquer maneira, os que tenham alguma dúvida a propósito de seu comportamento com relação a esta questão têm um remédio muito simples: procurar orientação para sua conduta. Deverão afirmar que a Sabedoria Divina lhes está iluminando o entendimento e orientando suas ações nesse particular, e evitar tomar qualquer decisão definitiva enquanto não sentirem sua consciência perfeitamente esclarecida.

A regra geral vigora para todas as circunstâncias da vida: não se deve procurar o divórcio ou cortar a desarmonia, mas deixá-la dissolver-se através do tratamento. Foi o que fez a mulher que disse que o homem com quem ela se tinha casado voltara; e ela considera sua manifestação um exemplo perfeito.

> Outrossim, ouvistes que foi dito aos antigos: não perjurarás, mas cumprirás teus juramentos ao Senhor.
> Eu, porém, vos digo que de maneira nenhuma jureis: nem pelo céu, porque é o trono de Deus;
> Nem pela terra, porque é o escabelo de seus pés; nem por Jerusalém, porque é a cidade do grande Rei;
> Nem jurarás pela tua cabeça, porque não podes tornar um cabelo branco ou preto.
> Seja, porém, o vosso falar: Sim, sim; não, não; porque o que passa disso é de procedência maligna.
>
> (Mateus 5)

De maneira nenhuma jureis é um dos pontos cardeais dos ensinamentos de Jesus e significa, em resumo, que a pessoa não deve hipotecar, adiantadamente, sua conduta futura, nem prometer fazer ou deixar de fazer algo amanhã, ou no ano que vem, ou daqui a trinta anos. De nenhuma maneira devemos fixar nossa conduta ou nossa crença para amanhã, enquanto ainda for hoje, pois "basta a cada dia o seu mal". Ensina Cristo que devemos constantemente procurar um contato direto e inspirador com Deus, manter constantemente aberto um canal para que o Espírito Santo se manifeste por nosso intermédio. Ora, se decidirmos adiantadamente o que havemos de fazer ou deixar de fazer, aquilo em que iremos acreditar ou deixar de acreditar, aquilo em que iremos pensar ou deixar de pensar, o que seremos ou deixaremos de ser amanhã, ou no ano que vem, ou pelo resto de nossas vidas – e principalmente se cristalizarmos essa determinação por um ato solene de vontade, como um juramento –, não nos abriremos à ação do Paracleto; e, ao contrário, pelo simples ato de jurar, nos esquivaremos a ela. Se quisermos receber a orientação de Deus, ou a Sabedoria Divina, é absolutamente essencial ter a mente aberta, porque muitas vezes acontece que essa sabedoria não está de acordo com nossos sentimentos pessoais ou opiniões atuais. Mas se tivermos feito um juramento ou uma promessa que comprometa nossa alma, não mais estaremos livres e, a menos que o estejamos, a ação do Espírito Santo não poderá ocorrer. Na verdade, isto nada mais é do que o pecado contra o Espírito Santo descrito na Bíblia e que tanto terror tem causado aos corações sensíveis e a respeito do qual parece haver um mal-entendido geral.

O que é pecar contra o Espírito Santo? É fazer qualquer coisa que não permita que a ação do Espírito Santo se manifeste em nossa alma; qualquer coisa que iniba a ação sempre revigorante de Deus, que constitui a própria vida espiritual. A penalidade para esse erro é a estagnação espiritual e, como o único remédio em tais casos, consiste na ação direta do Espírito Santo e como esse erro tende a evitar que tal ação se manifeste, dele resulta um círculo vicioso. Ora, é óbvio que essa condição deverá persistir enquanto perseverarmos no erro, e, assim sendo, o pecado é imperdoável. O problema não pode ser resolvido enquanto a vítima não estiver preparada para modificar sua atitude. Os sintomas desta doença são a estagnação espiritual e total incapacidade de se manifestar, muitas vezes acompanhados de farisaísmo e orgulho espiritual.

Naturalmente, Jesus não quer dizer que não nos devemos comprometer em assuntos comuns, tais como assinar o contrato de aluguel de um apartamento, ou um contrato para prestação de determinados serviços, entrar numa sociedade etc. Nem que o juramento comum, exigido em tribunal, seja inadmissível. Tais coisas são matéria de conveniência legal para a transação e o relacionamento entre os homens, e necessárias numa sociedade organizada. O Sermão da Montanha, conforme vimos, é um tratado de vida *espiritual*, já que a vida espiritual controla todo o resto. Quem compreender os ensinamentos espirituais de Jesus e os puser em prática não correrá o perigo de quebrar contratos nem acordos. Será um inquilino ideal, um sócio desejável e uma testemunha fidedigna.

Muitas igrejas ainda exigem que seus ministros, quando se ordenam – quase sempre quando ainda são muitos jovens e mentalmente imaturos –, prometam ou jurem que, durante toda a sua vida, continuarão a crer nas doutrinas de sua seita; e foi justamente isso o que Jesus desejou evitar. Se a pessoa ora diariamente, conforme deve, para que Deus a ilumine e guie, a única coisa certa é que ela *não* continue a ter as mesmas ideias à medida que amadurecer, mas que continuamente reveja, aumente e expanda essas ideias. Como o ser humano que é, morrerá diariamente, para renascer maior, mais sábio e melhor no dia seguinte.

Outros movimentos religiosos exigem até que seus membros aceitem uma espécie de Livro de Regras ou instruções escritas para sua orientação perpétua; mas todas essas coisas são fatais, porque automaticamente inibem a ação do Espírito Santo. A esse respeito, algumas das igrejas mais novas e mais modernas são tão pouco espirituais quanto as mais velhas. A pessoa precisa ser sempre perfeitamente livre para conduzir os assuntos de sua alma conforme a orientação da Sabedoria Divina; para orar ou não, para rezar desta ou daquela maneira e por este ou aquele motivo; para ler ou não qualquer livro; para frequentar ou não qualquer igreja ou assembleia, conforme se sentir orientada.

Com base nesse mesmo espírito letal, alguns professores proíbem seus discípulos de ler quaisquer livros religiosos, exceto os de sua própria seita. Isso é um crime tão grande contra a vida da alma que não há palavras para caracterizá-lo adequadamente.

Em geral, a mais importante aplicação desta injunção contra o estabelecimento de regras severas e inflexíveis está no conteúdo de nossas orações. Muitas pessoas estabelecem regras rígidas para suas orações ou devoções, mas isso acabará, mais cedo ou mais tarde, por destruir todo o espírito da coisa. As pessoas dizem: "Sempre começo com o Pai-Nosso", ou com determinado salmo ou outra oração qualquer. Outras dizem: "Começo todos os tratamentos desta ou daquela maneira." Tudo isso é um erro. Deve-se sempre rezar conforme a ação que o Espírito Santo estiver exercendo no momento sobre nossa alma. É a prece espontânea, o pensamento que nos é "dado" no momento, que tem força e poder. Um pensamento que nos seja "dado" dessa maneira tem dez vezes mais poder de se manifestar do que um selecionado por nós conscientemente. É preciso não esquecer, porém, que só devem ser evitadas as regras rígidas e severas. É sempre bom ter uma espécie de programa de oração a que recorrer quando nada melhor se apresente e, de fato, a maioria dos principiantes precisa, durante algum tempo, desse programa. O essencial é que a pessoa possa sempre aplicá-lo no momento em que precisar, sob a orientação do Espírito Santo. As pessoas muitas vezes se acham numa situação em que as orações parecem não estar trazendo resultados, e isso frequentemente se deve ao fato de elas terem se fixado em formas preestabelecidas. Se isso acontecer, é preciso procurar mentalmente inspiração e depois utilizar o primeiro pensamento que vier à mente, ou tentar mergulhar aleatoriamente na Bíblia.

Esta passagem ensina-nos também que não devemos procurar provocar acontecimentos ou condições particulares, bem como soluções especiais para nossos problemas – o que se chama, tecnicamente, "definição". Quando você se encontrar em dificuldades, deverá rezar para conseguir harmonia e liberdade, e esperar alcançá-las; mas não deverá procurar selecionar as coisas que vão acontecer ou o curso que elas vão tomar. Se pensar firmemente que vai conseguir determinada coisa, poderá, se tiver um certo tipo de mentalidade, fazer com que ela aconteça, mas esse exercício de força de vontade acabará, quase que certamente, por lhe trazer dificuldades – você vai conseguir o que quer e depois arrepender-se amargamente.

Sim, sim e *não, não* representam o que, na oração científica, é chamado Afirmação e Negação, respectivamente. Há a Afirmação da Verdade, da Harmonia e da Onipresença de Deus na Realidade; e a negação de qualquer poder no erro e nas limitações.

> Ouvistes que foi dito: olho por olho e dente por dente.
> Eu, porém, vos digo que não resistais ao mal; mas, se qualquer te bater na face direita, oferece-lhe também a outra;
> E ao que quiser pleitear contigo e tirar-te o vestido, larga-lhe também a capa;
> E, se qualquer te obrigar a caminhar uma milha, vai com ele duas.
> Dá a quem te pedir, e não te desvies daquele que quiser que lhe emprestes.
>
> (Mateus 5)

Jesus é o mais revolucionário de todos os mestres. Vira o mundo de cabeça para baixo para os que aceitam seus ensinamentos. Depois que você tiver aceitado a Mensagem de Jesus Cristo, nada será como antes. Todos os valores mudarão radicalmente. As coisas pelas quais a pessoa gastou tempo e energia não mais parecerão ter valor, ao passo que outras, às quais antes não dava a menor importância, passarão a ser as únicas que realmente interessam. Comparados com Jesus, todos os chamados revolucionários, radicais e reformadores são apenas superficiais – reajustando circunstâncias externas –, ao passo que Jesus foi até a raiz das coisas e as atacou a partir daí.

A Velha Lei, feita para manter alguma ordem, embora apenas externa e pragmática, entre um povo bárbaro – pois qualquer espécie de lei é melhor do que a anarquia – tinha dito *olho por olho, dente por dente.* O que um homem fizesse a outro seria o seu castigo. Se ele matasse, a lei o condenaria a morrer. Se arrancasse o olho de um inimigo, o seu seria arrancado. Qualquer que fosse o aleijão ou ferimento que infligisse a outrem, lhe seria infligido também – e esse código era melhor do que nada e talvez não fosse ruim como um começo, já que os povos bárbaros, incapazes de apreciar a ideia abstrata de justiça, incapazes de olhar além da paixão do momento, sem imaginação para pensar num castigo menos óbvio, tinham nesse código uma rédea eficaz para seus instintos primitivos. Posteriormente, à medida que o tempo foi passando e a barbárie foi dando lugar a uma civilização, esse código primitivo foi sendo lentamente transformado pela opinião pública em algo pelo menos não tão brutal.

Isso se aplicava em casos de justiça pública. Na vida particular, porém, o velho código continuava a dominar os corações e as mentes dos homens, muito embora eles já não perpetrassem os mesmos atos de violência; e não é exagero dizer que ele continua a dominar até hoje. O desejo de "ficar quites", de se vingar, de ajustar contas de uma maneira ou de outra, quando fomos ofendidos ou sofremos alguma injustiça, ou testemunhamos coisas que não aprovamos, ainda continua o mesmo – e continuará, enquanto não nos dispusermos a destruí-lo. "A vingança", disse Bacon, "é uma espécie de justiça selvagem", e o homem natural, com a sede natural por justiça (pois a verdadeira justiça faz parte da Harmonia Divina e todos os homens, em todos os estágios, parecem ter sempre uma concepção intuitiva da Divina Harmonia Espiritual que jaz por trás das aparências), sente que a maneira certa de restaurar o equilíbrio é a óbvia, ou seja, fazendo o delinquente pagar na mesma moeda.

Mas essa é precisamente a falácia que dá origem a todas as disputas, públicas e particulares, deste mundo. A causa direta das guerras internacionais, das brigas familiares, das discussões particulares e, conforme iremos aprender ao estudarmos o Cristianismo Científico, a causa de grande parte das doenças e de outras dificuldades. Ora, Jesus revoluciona esse conceito e diz que, quando alguém o ferir, em vez de procurar se vingar ou fazê-lo pagar na mesma moeda, você deverá fazer justamente o contrário – perdoá-lo e deixá-lo ir em paz. Não importa qual tenha sido a provocação e quantas vezes ela tiver sido repetida, você sempre deverá proceder assim, pois só desta maneira você se libertará e poderá ser dono de sua própria alma. Pagar o mal com o mal, a violência com a violência, o ódio com o ódio é dar início a um círculo vicioso, para o qual não há fim e que acabará com a sua vida e a de seu irmão.

"O ódio não cessa com o ódio", disse a Luz da Ásia, enunciando essa grande Verdade Cósmica, muitos séculos antes, e a Luz do Mundo colocou-a à frente de seus ensinamentos por ser a base da salvação do homem.

A doutrina do "não resistais ao mal" é o grande segredo metafísico. Ao mundo – àqueles que não têm entendimento – soa como um suicídio moral, uma rendição incondicional à agressão; mas, à luz da revelação de Jesus Cristo, ela é vista como a mais soberba das estratégias espirituais. Se antagonizar qualquer situação, dar-lhe-á poder sobre si; se lhe oferecer não resistência mental, ela se esfacelará diante de você.

Conforme já vimos, Jesus é o Grande Metafísico, preocupando-se apenas com os estados de consciência, com os pensamentos e as crenças que os homens aceitam, pois são essas as coisas que importam, as coisas *causativas*. Não nos dá instruções sobre detalhes da conduta exterior, por isso as referências a processos legais, a emprestar e a pedir emprestado, a dar a outra face são ilustrativas e simbólicas de *estados mentais* e não devem ser tomadas no sentido restrito e literal. Isto não quer dizer que se deva fugir a um texto difícil, nem enfeitá-lo. Devemos ter sempre em mente que, se o pensamento for correto, a ação não poderá ser errada; e que uma simples ação provocada por um motivo exterior pode estar certa ou errada, pois não há regras para a conduta certa. Nenhum professor poderá dizer que um determinado ato é necessariamente certo em qualquer ocasião, já que o jogo das circunstâncias na vida humana é demasiado complicado para uma predição dessas. Todo aquele que tiver uma experiência do mundo, por menor que seja, sabe, por exemplo, que emprestar dinheiro indiscriminadamente a quem quer que o peça não é, certamente, prova de sabedoria nem de justiça para consigo mesmo ou para quem dependa de nós, e que, na maioria dos casos, só prejudicaria, ao invés de beneficiar a quem pede. Quanto a dar a outra face, literalmente, para receber uma bofetada, esse procedimento só faria mal a ambas as partes; e devemos notar, particularmente, que Jesus, quando esbofeteado na presença de Pilatos, não fez isso; pelo contrário, enfrentou seus inimigos com distinta dignidade. A instrução de dar a outra face refere-se a modificar nosso pensamento quando confrontados pelo erro, fazer com que ele mude de erro para a Verdade – coisa que, via de regra, tem uma ação mágica.

Se, quando alguém estiver procedendo mal, você em vez de pensar nisso, imediatamente fizer com que sua atenção passe do plano humano para o Divino e se concentrar em Deus ou no Verdadeiro Ser Espiritual da pessoa em questão, verá que a conduta dessa pessoa se modificará imediatamente. É esse o segredo para lidar com pessoas difíceis, e Jesus compreendeu-o perfeitamente. Se as pessoas se mostrarem difíceis, tudo o que você tem a fazer é mudar sua maneira de pensar acerca delas, e elas mudarão também, pois seu próprio conceito é o que você vê e essa é a verdadeira vingança, posta à prova milhares e milhares, ou milhões de vezes, e que nunca falhou, quando adequadamente executada. Muitas vezes, é divertido vê-la dar tão certo. Se alguém entrar em sua sala, em seu escritório, em sua loja ou onde quer que seja com ar de quem vem com más intenções, tente desviar sua atenção para o Divino, em vez de procurar enfrentar o problema com agressividade ou de se encolher para evitá-lo, conforme seu temperamento. Você achará divertido e ficará aliviado de ver a ira apagar-se do rosto da pessoa (o que significa que também se apagou de seu coração) e uma expressão completamente diferente tomar o lugar dela. Talvez ajude, no começo, desviar os olhos da pessoa, enquanto você dá a si próprio esse "tratamento", mas com um pouco de prática ficará capacitado, por assim dizer, a olhar através dela para a Verdade da Existência.

Uma senhora ficou aborrecida ao ouvir dois homens, que faziam um conserto do lado de fora de sua janela, usarem uma linguagem muito baixa, sem saber que ela estava por perto. Por um momento, a raiva e o desprezo subiram-lhe à cabeça, mas, lembrando-se deste texto, logo concentrou sua atenção na Presença Divina que ela sabia existir dentro deles – como dentro de todos os homens. Saudou Cristo dentro deles, para usar a expressão moderna e, imediatamente, a linguagem ofensiva cessou. Disse que foi como se a tivesse cortado com uma faca. Deve ter tido uma boa compreensão do problema, e nesse caso não há dúvida de que ambos os homens receberam uma substancial elevação espiritual e podem até ter ficado para sempre curados do costume de usar um linguajar sujo.

Todos aqueles que se têm ocupado da Verdade durante algum tempo podem citar muitos casos semelhantes de harmonia subitamente restaurada por esse simples método de Jesus – "dar a outra face". Eu próprio já vi vários casos de homens e, em duas ocasiões, crianças estarem brigando e, quando um espectador "deu a outra face" dessa maneira, a briga cessou como num passe de mágica. Os animais respondem ainda mais facilmente a esse tratamento do que os seres humanos. Presenciei dois casos de briga de cães em que todos os esforços para separá-los tinham fracassado e em que a paz foi restaurada com a realização da Presença do amor de Deus em todas as Suas criaturas. Num dos casos, foram necessários alguns minutos; no outro, aconteceu quase instantaneamente.

Às vezes, pode ser que você se encontre acompanhado de alguém cuja conversa é muito negativa, alguém que descreva doenças e problemas ou, talvez, faça comentários não generosos sobre pessoas ausentes. Por várias razões, pode ser difícil para você se afastar dela e, se assim for, seu dever é bem claro: "dar a outra face" e ajudar tanto a quem fala quanto às suas vítimas.

Larga-lhe também a capa e *vai com ele duas* (milhas) são expressões dramáticas, que enfatizam ainda mais o princípio da não resistência mental a condições aparentemente governadas pelo mal. Seja compassivo com seus semelhantes até onde puder, conceda-lhes todos os pontos que não sejam absolutamente essenciais e redima os restantes com o Verdadeiro Pensamento, ou com Cristo. Nunca se renda ao erro, mas lembre-se de que é o pecado, e não o pecador, que deve ser condenado.

> Ouvistes que foi dito: Amarás o teu próximo e aborrecerás o teu inimigo.
> Eu, porém, vos digo: Amai a vossos inimigos, bendizei os que vos maldizem, fazei bem aos que vos odeiam, e orai pelos que vos maltratam e vos perseguem;
> Para que sejais filhos do vosso Pai que está nos céus; porque faz que o seu sol se levante sobre maus e bons, e a chuva desça sobre justos e injustos.

Pois, se amardes os que vos amam, que galardão havereis? Não fazem os publicanos também o mesmo?
E se saudardes unicamente os vossos irmãos, que fazeis de mais? Não fazem os publicanos também assim?

(Mateus 5)

Amai a vossos inimigos, bendizei os que vos maldizem, fazei bem aos que vos odeiam e orai pelos que vos maltratam e vos perseguem. "O ódio não cessa com o ódio", eis aqui novamente o tema; ora, Jesus afirma essa verdade fundamental de uma forma tão simples e direta que nem mesmo uma criancinha pode compreendê-lo de maneira equivocada. Ao invés de odiar a quem parece ser seu inimigo, conforme os instintos mais baixos impelem o homem a fazer, você deverá amá-lo. Deverá retribuir as maldições com bênçãos e o ódio, com o bem. E orar pelos que vão ao extremo de persegui-lo. Jesus diz isso de maneira simples e direta; e, para ir ao encontro de todas as pessoas, para descer ao nível mais simples da compreensão, acrescenta: "Pois se amardes os que vos amam, o que haverá de extraordinário nisso?" Nada, é claro, pois todo mundo faria o mesmo. Se você quiser realmente progredir, deve fazer muito mais. Deve livrar-se de todo sentimento de ressentimento e hostilidade. Deve modificar seu estado de espírito até ter consciência apenas de haver paz e harmonia dentro de si e sentir boa vontade para com todos.

Essa é não apenas a melhor política do ponto de vista prático, como, pelas razões em que todo o Sermão da Montanha está fundamentado, a única que lhe permitirá alcançar algum progresso. A própria saúde física, por exemplo, não é possível a longo prazo sem que a pessoa saiba perdoar e ter boa vontade com todos, e até mesmo sua prosperidade material acabará desaparecendo, a menos que sua alma esteja livre da inimizade e da condenação. De fato, essa liberdade é o requisito básico para qualquer progresso espiritual, e qualquer pessoa que tenha algum sentido espiritual reconhece isso facilmente, uma vez que lhe tenha sido apontado. Os que têm alguma compreensão daquilo a que se chama Ideia Espiritual encontram aqui uma lição maravilhosa de tratamento espiritual prático, ou oração científica. Muito simplesmente, a Ideia Espiritual é a compreensão do fato básico de que o bem é permanente, onipresente e todo-poderoso, e de que o mal é temporário, uma crença insubstancial, sem caráter próprio, que é destruída pela oração científica. Assim, podemos considerar que *o segredo do tratamento espiritual* não é lutar contra o erro, o que só lhe daria mais vida e poder, mas destruí-lo retirando dele a própria energia da crença que lhe dá corpo. *A única existência que ele tem é a que você lhe dá, dotando-o temporariamente de alma através de seu pensamento.* Tire-lhe isso e o erro desaparecerá. Você fez com que o erro tivesse existência, pensando nele de maneira consciente ou, o que é mais frequente, inconscientemente. Agora, deixe de pensar nele. O fato de você pensar é o que importa. Como diz Shakespeare: "Não há nada bom ou mau, mas pensar faz com que seja assim." Ora, o medo, o ódio e o ressentimento são ideias muito carregadas de emoção, que, quando acrescentadas a uma dificuldade, lhe incutem uma vida nova e vigorosa, tornando-a mais difícil de vencer. O simples ato de pensar numa dificuldade lhe dá vida nova. Passar mentalmente em revista velhas ofensas, pensar em como alguém se portou mal em determinada ocasião e recordar os detalhes tem o efeito de reviver o que já estava morrendo pelo esquecimento

É a recepção mental que você dá a uma nova dificuldade e a atitude que adota em relação a ela que determinam o efeito dela sobre você. Isso é o que interessa. Não são as pessoas, nem as coisas, nem as condições em si mesmas, mas os pensamentos e as crenças que você possa abrigar com relação a elas. Não é a conduta dos outros, mas seus próprios pensamentos, o que o beneficia ou prejudica. Você escreve sua própria história para amanhã e para o próximo ano com os pensamentos que alimenta hoje. Molda o destino de sua vida, dia após dia, pela maneira como reage mentalmente às experiências. A reação certa é a suprema arte da vida, e Jesus resumiu o segredo dessa arte numa frase: *Não resistais ao mal.*

Não resistais ao mal, espiritualmente compreendido, é o grande segredo do sucesso na vida. A compreensão correta desse mandamento o fará sair da terra do Egito e da Casa da Servidão, regenerará seu corpo, libertará sua alma e, em resumo, modificará sua vida de alto a baixo. Resistindo mentalmente a qualquer circunstância indesejável ou indesejada, você lhe estará dando mais poder – poder que será usado contra você e que esgotará seus próprios recursos na mesma proporção. Se você tiver de defrontar-se com uma dificuldade física, pessoal ou profissional, não faça como tantas pessoas, que se atiram mentalmente ao encontro do problema, nem fique teimosamente no meio da estrada, dizendo: "Você não passa" para a dificuldade; mas observe a regra-chave de Jesus e *não resista ao mal.* Evite resistir mentalmente ao problema, isto é, recuse-se a alimentar sua alma com ele. Procure sentir, mentalmente, a Presença de Deus, como você faria fisicamente se de repente fosse atirado num quarto escuro. Pense que essa Presença está com você e também na pessoa ou no lugar em que o mal se apresentou; isto é, *dê a outra face.* Se fizer isso, a dificuldade, seja ela qual for, a situação indesejável ou o problema que alguém estiver causando se dissolverão e o deixarão livre. Esse é o verdadeiro método espiritual de *amar o seu inimigo.*

O amor é Deus, e, portanto, todo-poderoso. Essa é a aplicação científica do amor, contra o qual não há mal que resista. Destrói o mal e, caso haja uma pessoa envolvida, liberta a ela e a você. Mas retribuir ódio com ódio, maldição com maldição ou medo com agressão tem o efeito de aumentar o problema, da mesma forma que um som fraco é aumentado por um amplificador. Retribuir o ódio com amor, à maneira científica, é a Estrada Real de Cristo para a liberdade, o perfeito método da autodefesa em todas as circunstâncias que nos torna absolutamente invulneráveis a qualquer tipo de ataque.

Se alguém lhe fizer algo que o prejudique pessoalmente, não lhe resista em pensamento. *Não resistais ao mal*. Procure ver o Cristo que habita dentro de seu "inimigo" e tudo ficará bem. Ele deixará de provocá-lo e, ou mudará de atitude, ou sairá completamente de sua vida, além de se beneficiar espiritualmente de sua ação. Se receber más notícias, não lhes resista em pensamento. Compreenda a natureza imutável e a infinita harmonia do bem, sempre disponível a cada momento da existência, e as coisas se arranjarão. Se se sentir insatisfeito em seu trabalho ou infeliz em casa, não resista mentalmente a essa situação ou se deixe arrastar pela autocompaixão ou por recriminações de qualquer espécie. Isso só fortalecerá o erro, portanto, *não resista ao mal*. Procure sentir, mentalmente, a Presença do Espírito Divino à sua volta; afirme sua existência e proclame seu domínio sobre todas as situações, quando você fala a Palavra em nome de Eu Sou O Que Eu Sou, e não tardará a se sentir liberto.

Amar seus inimigos dessa maneira científica também é a chave para a saúde corporal, sem a qual é impossível possuí-la. O segredo do bem-estar físico está na compreensão da Vida Divina e do Amor Divino. Todas as melhorias físicas vêm depois disso, e não antes. Atualmente, fala-se da influência das glândulas em nossa saúde, mas as próprias glândulas são, todas elas, governadas inteiramente por nossas emoções e, assim, a forma de ajustar e regular o funcionamento das glândulas é cultivando a maneira certa de sentir. Naturalmente, isso deve abranger também os sentimentos subconscientes e só pode ser conseguido por meio do tratamento.

Sede vós, pois, perfeitos, como é perfeito o vosso Pai que está nos céus.

(Mateus 5)

Esta exortação de Jesus é uma das coisas mais extraordinárias em toda a Bíblia. Consideremos cuidadosamente o que ele diz. Está-nos exortando a sermos perfeitos, como Deus é perfeito; e, sabendo que Jesus não manda fazer o impossível, deduz-se que, com sua autoridade, ele diz que é possível ao homem tornar-se divinamente perfeito. Mais do que isso, ele nos exorta a fazer algo que deverá ser feito. Vemos, pois, através disso, que o homem não pode ser a criatura miserável, sem esperança, deserdada e condenada à perdição como a teologia muitas vezes o caracterizou, mas que é mesmo um filho de Deus – o nosso Pai que está nos Céus – e potencialmente divino e perfeito. Conforme Jesus exorta em outra passagem, citando as antigas escrituras: "Eu vos digo que sois deuses; e todos vós filhos do Altíssimo." E acrescenta, no intuito de conferir maior ênfase: "e as escrituras não podem ser quebradas."

Ora, se realmente somos criaturas de Deus, capazes de alcançar eterna e imaculada perfeição, não pode haver poder real no mal, e nem mesmo no pecado que nos mantenha em escravidão permanente. Ou seja, com o método certo, é apenas uma questão de tempo até assumirmos nossa verdadeira condição de salvação espiritual; portanto, não percamos mais tempo para dar início à nossa marcha para o alto. Elevemo-nos já, neste mesmo momento – se é que já não o fizemos –, como o filho pródigo, acima do materialismo e das limitações, e bradermos, com confiança nos ensinamentos e nas promessas de Cristo: "Elevar-me-ei e irei para junto de meu Pai."

Aqueles que se sentirem desencorajados por um sentimento de inferioridade ou falta de entendimento, e se sentirem "muito distantes", devem recordar que todos os Grandes Mestres Espirituais concordaram que é possível "conquistar de roldão o Reino dos Céus".

Tesouro no Céu

Guardai-vos de fazer a vossa esmola diante dos homens, para serdes vistos por eles; aliás não tereis galardão junto de vosso Pai, que está nos céus.

Quando, pois, deres esmola, não faças tocar trombeta diante de ti, como fazem os hipócritas nas sinagogas e nas ruas, para serem glorificados pelos homens. Em verdade vos digo que já receberam o seu galardão.

Mas, quando tu deres esmola, não saiba a tua mão esquerda o que faz à tua direita;

Para que a tua esmola seja dada ocultamente; e teu Pai, que vê em segredo, te recompensará publicamente.

E, quando orares, não sejas como os hipócritas; pois se comprazem em orar em pé nas sinagogas, e às esquinas das ruas, para serem vistos pelos homens. Em verdade vos digo que já receberam o seu galardão.

Mas tu, quando orares, entra no teu aposento e, fechando a tua porta, ora a teu Pai, que está oculto; e teu Pai, que vê secretamente, te recompensará.

E, orando, não useis de vãs repetições, como os gentios, que pensam que por muito falarem serão ouvidos.

Não vos assemelheis pois a eles; porque vosso Pai sabe o que vos é necessário, antes de vós lho pedirdes.

Mateus 6

O núcleo desta passagem do Sermão está contido nos versículos 6 e 7, principalmente no trecho que diz: *Ora a teu Pai, que está oculto; e teu Pai, que vê secretamente, te recompensará*. A doutrina do "Lugar Secreto" e a sua importância como centro controlador do "Reino" é fator essencial dos ensinamentos de Jesus Cristo.

O homem é o dirigente de um reino, embora na maioria dos casos ele não saiba disso. Esse reino é, nada mais, nada menos, o mundo de sua vida e de suas experiências. A Bíblia está cheia de histórias de reis e de seus reinos, de reis sábios e de reis insensatos, de reis malvados e de reis virtuosos, de reis derrotados e de reis vitoriosos, da ascensão e da queda de reinos pelas causas mais variadas.

Em suas parábolas, Jesus muitas vezes aproveita a mesma ideia e a utiliza como um símile. Várias vezes ele começa com "Era uma vez um grande rei...". Ora, cada um desses reis é, na realidade, o Homem Comum, O Homem em Geral, analisado sob os vários aspectos de sua atitude mental. A Bíblia é o livro do Homem. É, basicamente, um texto de metafísica, um manual do desenvolvimento da alma, e tudo na Bíblia, desde o Gênese à Revelação, está relacionado com esse desenvolvimento, isto é, com o despertar espiritual do indivíduo. Você e seus problemas são analisados de todos os ângulos possíveis, e as lições fundamentais da Verdade Espiritual são apresentadas de várias maneiras diferentes, no intuito de responder a todas as condições, a todas as necessidades e a quase todos os aspectos da natureza humana. Às vezes, você é um rei; outras vezes, um pescador; outras, um jardineiro, um tecelão, um oleiro, um comerciante, um Sumo Sacerdote, um Capitão das Hostes ou um mendigo.

É como reis, dirigentes absolutos do nosso próprio reino, que o Sermão da Montanha nos considera; pois é esse, afinal, o mais completo de todos os símiles. Quando conhecemos a Verdade da Existência, somos – literalmente, e não apenas em sentido retórico –, monarcas absolutos da nossa própria vida. Estipulamos nossas condições e podemos alterá-las. Somos os responsáveis por nossa boa saúde. Atraímos certos tipos de pessoas e certas condições, e repelimos outras. Atraímos riqueza ou pobreza, paz de espírito ou medo, de acordo com a maneira pela qual governamos nosso reino. Naturalmente, o mundo não sabe disso. Supõe que as condições de vida de cada pessoa são provocadas por circunstâncias externas e por outras pessoas. Acredita que somos sempre passíveis de sofrer acidentes imprevistos, de uma espécie ou de outra, e que qualquer um deles pode causar sérios inconvenientes ou até mesmo nos arruinar a vida. Mas a Verdade da Existência é justamente o contrário de tudo isso e, como a humanidade quase sempre acreditou nessa versão falsa, não é de se admirar que a história esteja tão cheia de erros, sofrimentos e guerras.

Nada senão desgraça e confusão poderiam resultar da tentativa de basear qualquer atitude em princípios falsos, ou de desenvolver uma cadeia de raciocínios a partir de uma série de premissas falsas – e é justamente isso o que tem acontecido. O homem tem sofrido por ter se iludido quanto à natureza da vida e de si mesmo, e foi isso o que Jesus – o Salvador do mundo – disse: "Conhece a Verdade e ela te libertará." Foi por isso que passou todos os anos de sua vida pública ensinando e explicando a Verdade, falando-nos de Deus e dos homens e instruindo-nos sobre como viver.

Se for verdade, como realmente é, que nossas dificuldades têm origem em nossa maneira errada de pensar, tanto no presente como no passado, pode-se muito bem perguntar, considerando o nível sublime de consciência que Jesus alcançou: por que razão ele de vez em quando se deparou com dificuldades – principalmente com o seu terrível conflito com o medo em Getsemane e sua morte na cruz?

A resposta é que o caso de Jesus era muito diferente do de qualquer outro, porque ele sofreu, não por sua maneira errada de pensar, mas pela nossa. Com seu alto grau de compreensão, ele podia ter transcendido calmamente, sem qualquer sofrimento, como Moisés e Elias tinham feito anteriormente. Mas escolheu, deliberadamente, passar por sua terrível provação, a fim de ajudar a humanidade, e por isso é justamente chamado o Salvador do Mundo.

Considerando agora este reino com um pouco mais de detalhes, descobrimos que o Palácio do Rei, a casa de governo, por assim dizer, nada mais é do que nossa consciência – nossa mentalidade. Esse é o nosso gabinete particular e as transações feitas nele são o redemoinho de pensamentos que passam continuamente através da mente. O "Lugar Secreto do Altíssimo", como o chama o salmista, é secreto porque ninguém, a não ser você, sabe o que se passa lá dentro. Há privacidade e há domínio. Você tem o poder de pensar o que quiser. Pode escolher os pensamentos que vai aceitar e os que pretende rejeitar. É senhor, dentro dele. Quaisquer pensamentos que você escolher serão depois expressos no mundo físico exterior como coisas e acontecimentos – mas isso depende de sua vigilância. Escolhidos os pensamentos, você não poderá mais mudar as consequências externas que eles determinarem. Sua escolha está em pensar ou não neles. Se não quiser que certas consequências recaiam sobre você, deverá abster-se de pensá-las ou de escolher pensamentos que possam acarretá-las. Quando não se quer que um motor comece a funcionar, não se dá a partida; quando não se quer que uma campainha toque, não se aperta o botão. Se você compreender esse princípio fundamental, vigiará, doravante, seus pensamentos com o máximo cuidado.

Como é verdade que o tipo de pensamentos que você abriga em sua consciência (ou Lugar Secreto) será expresso em sua vida exterior, em seu corpo e em seus negócios, você vai guardar-se de abrigar pensamentos não-harmoniosos da mesma forma que se absteria de comer ou beber algo que tivesse a certeza de que lhe faria mal. Lembre-se de que, mais cedo ou mais tarde, tudo aquilo que a mente abriga redundará em sua experiência. Isso não quer dizer que aquilo em particular que você estava pensando será exatamente o que vai acontecer – embora, às vezes, isso ocorra. Por exemplo, se você pensar em doenças, estará propenso a minar sua saúde; se pensar muito em pobreza e em crise, poderá atrair a pobreza para si; e, se pensar em problemas, brigas, desonestidade, acabará atraindo tudo isso. O que realmente acontece num dado momento não será a precisa reprodução de uma corrente de pensamento, mas, antes, o resultado da ação combinada dessa corrente e de sua atitude mental em geral.

Pensar em doença é apenas um dos dois fatores que produzem os males físicos e é, geralmente, o menos importante. O outro, e o mais importante, é alimentar emoções negativas ou destrutivas, embora esse fato pareça ser mal compreendido, mesmo entre os estudantes de metafísica. Contudo, ele é tão importante que é simplesmente impossível insistir demais no fato de que a maioria dos males físicos é causada porque o paciente permite que as emoções destrutivas encontrem abrigo em sua mente. Não é demais repetir que abrigar sentimentos de raiva, ressentimento, ciúme, despeito, entre outros, resultará em prejuízo para sua saúde e pode até mesmo prejudicá-lo severamente. Lembre-se de que não importa qual seja a justificativa para esses sentimentos. Não tem nada a ver com os resultados, pois é tudo uma questão de lei natural.

Certa mulher afirmou: "tenho o direito de estar furiosa", querendo dizer que fora vítima de injustiças e tinha, consequentemente, uma espécie de licença, ou permissão especial, para abrigar sentimentos rancorosos sem que o corpo se ressentisse. Mas isso é absurdo. Ninguém pode dar essa permissão e, se pudesse – se as leis gerais pudessem ser postas de lado em casos especiais –, teríamos não um universo, mas um caos. Se você apertar o botão, seja qual for o motivo, bom ou mau – para salvar a vida de um homem ou matá-lo –, a campainha elétrica tocará, pois é essa a lei da eletricidade. Se beber um veneno mortal inadvertidamente, você morrerá ou, pelo menos, prejudicará seriamente seu organismo, pois essa é a lei natural. Você pode ter pensado que se tratava de um líquido inócuo, mas isso não faz diferença, pois a lei natural não toma conhecimento das intenções. Pela mesma razão, abrigar emoções negativas é acarretar complicações – principalmente de ordem física, mas também de ordem geral – independentemente de qualquer justificativa que você imagine ter.

Caiu-me nas mãos, certa vez, um velho sermão que foi proferido em Londres, durante a Revolução Francesa. O autor, que parecia ter uma visão muito superficial da Bíblia, disse, referindo-se ao Sermão da Montanha: "Sem dúvida é justificável odiar Robespierre, o arquiaçougeiro, e execrar o assassino de Bristol." Este pronunciamento ilustra perfeitamente a falácia que vimos considerando. Abrigar ódio é, *ipso facto*, envolver-se em certos resultados desagradáveis e, no que lhe diz respeito, não fará a menor diferença se você disser "Robespierri", ou Tom, Dick ou Harry – o que importa é a emoção em si mesma. Se Robespierre era, de fato, um anjo ou um demônio, não tem nada a ver com o assunto.

Deixar-se levar por um sentimento de execração de alguém (independentemente dos méritos ou deméritos do objeto de sua condenação) infalivelmente atrairá para você complicações proporcionais à intensidade do sentimento que você alimenta e à quantidade de minutos que você lhe dedica. Nenhum cristão científico acha o ódio ou a execração "justificáveis" em quaisquer circunstâncias, mas, seja qual for sua opinião a respeito, não há dúvida das consequências práticas que esses sentimentos acarretarão para você. Você pode engolir uma dose de ácido prússico em dois goles e achar que está se protegendo ao dizer: "Este é para Robespierre e este para o assassino de Bristol." Não tenha a menor dúvida quanto a quem vai sofrer os efeitos do veneno.

É altamente significativo que Jesus tenha denominado a consciência como o *Lugar Secreto*. Como sempre, quis fazer-nos entender a verdade de que é nosso eu interior que causa nosso eu exterior, e não vice-versa. E tampouco uma coisa exterior causa outra. A relação causa e efeito é sempre de dentro para fora. Essa Lei Mestra não é difícil de ser entendida em teoria, quando claramente enunciada. Mas na prática é extraordinariamente difícil não a perder de vista, em meio à correria e às tensões da vida cotidiana. Somos constituídos de modo a só podermos dar atenção consciente a uma coisa de cada vez e, quando não observamos deliberadamente essa lei, quando o interesse ao que estamos fazendo ou dizendo monopoliza nossa atenção, nossos hábitos de pensamento já formados determinam o teor daquilo que pensamos. Esquecemos constantemente de pôr em prática a Lei Mestra enquanto não nos treinamos cuidadosamente para observá-la. Entretanto, enquanto continuamos a infringir a lei, mesmo que apenas por esquecimento, continuamos a incorrer no castigo.

Conclui-se daí que nada vale a pena, nada tem qualquer significação real afora uma mudança de política no Lugar Secreto. Pense de maneira correta e, mais cedo ou mais tarde, tudo ficará bem com você. Contente-se com uma observância exterior, sem modificar seus pensamentos e seus sentimentos, e não só você gastará seu tempo, como poderá deixar-se embalar por uma falsa sensação de segurança e viver num paraíso de tolos. Ou então cair no pecado da hipocrisia.

Desde tempos imemoriais, a humanidade tem acalentado a patética ilusão de que os atos exteriores, que são tão fáceis, podem tomar o lugar de uma mudança interior de pensamento e sentimento, que é tão difícil. É muito fácil comprar e usar vestes cerimoniais, repetir orações estipuladas nas horas certas, usar formas estereotipadas de devoção, assistir a serviços religiosos nas épocas prescritas – e deixar o coração como estava. Os filatérios dos fariseus só levavam um momento para prender; mas a purificação do coração leva horas e horas de oração e autodisciplina. Um conhecido quacre disse, há alguns anos: "Na minha juventude, desencorajávamos os usos e costumes quacres por compreendermos que muitas pessoas que não ligavam para nossos ideais estavam aderindo à nossa religião, atraídas pelas facilidades educacionais que podiam obter para os filhos e por outras vantagens que nós oferecíamos. Era fácil declarar-se 'amigo', comprar e usar um casaco sem botões ou colarinho e entremear a conversa com peculiaridades gramaticais, mas manter o caráter completamente intocado."

Os quacres não são os únicos a se defrontarem com esse problema. Esse perigo foi o escolho no qual o puritanismo acabou naufragando. Os puritanos começaram a insistir numa conformidade externa com toda a espécie de pontos não essenciais e decretando penalidades por vezes até criminais a quem os negligenciasse. Mesmo nas questões às quais não se podia aplicar nenhum estatuto, partia-se do princípio de que uma certa conduta, uma determinada maneira de vestir, o uso de uma fraseologia artificial, certos costumes – como o de pôr nos filhos nomes esquisitos, tirados do Velho Testamento – seriam como que passaportes para prioridades nas vidas civil, eclesiástica e, com frequência, comercial – como se tais ninharias pudessem ter qualquer valor espiritual em si mesmas e não fossem apenas a maneira mais simples de abrir um caminho fácil para o orgulho espiritual e a hipocrisia mais deslavada. Não há sombra de dúvida de que a espiritualização do pensamento leva, na prática, o estudante a simplificar seu modo de vida, já que muito do que antes parecia importante passa a ser desinteressante e a não ter mais importância. Também não há dúvida de que ele aos poucos vai encontrando e conhecendo pessoas diferentes, lendo livros diferentes, passando o tempo de maneira diferente e que sua conversa naturalmente também se modifica. "As coisas velhas passaram." "Olhai como eu faço todas as coisas novas." Essas coisas se seguem a uma mudança no coração; nunca a precedem.

Vemos agora como é vã e insensata a tentativa de adquirir popularidade ou de cultivar a boa opinião das outras pessoas, pensando que isso nos vai trazer alguma vantagem. Os que escutaram o Sermão da Montanha tinham muitas vezes visto os elementos mais baixos, dentre os fariseus, executar boas obras da maneira mais ostentosa, a fim de conquistar a reputação de serem excepcionalmente ortodoxos e devotos e provavelmente sob a impressão de estarem cuidando de seu bem-estar espiritual. Jesus analisou e expôs esse tipo de falácia de uma vez por todas, nesta passagem. Diz que o aplauso que se segue aos atos exteriores é a única recompensa que eles trazem e que os resultados dignos de conseguir só são obtidos no Lugar Secreto da Consciência, onde, se orarmos (cientificamente) e em segredo para nosso Pai, Ele nos recompensará abertamente com uma demonstração genuína.

Jesus também enfatiza a necessidade de manter nossas orações "vivas". Repetir simplesmente uma frase como um papagaio (vãs repetições) não adianta absolutamente nada. Ao rezar, a pessoa deve sempre "sentir", tornar-se receptiva (não negativa, mas sim *receptiva*) à inspiração Divina. Não há objeção a que se repita constantemente uma frase capaz de ajudar, mesmo sem qualquer realização, desde que ela não se torne mecânica. O próprio Jesus repetiu três vezes as mesmas palavras, no momento de necessidade, no monte das Oliveiras (Mateus 26:44). Se alguma vez você achar que está "estagnado" em suas orações, pare, afaste-se e faça qualquer outra coisa, e retome-a mais tarde com a mente fresca.

O vosso Pai sabe o que vos é necessário antes de vós Lhe pedirdes. Não precisamos criar o bem, pois ele já existe eternamente no fato da Onipresença de Deus. Não obstante, temos de fazer com que ele se manifeste através de nossa compreensão pessoal da Verdade. Esta passagem não significa que não devemos rezar por necessidades particulares ou problemas especiais. Certas pessoas interpretam-na no sentido de que devemos trabalhar apenas em prol da harmonia geral, mas isso é incorreto. Se procurarmos tratamento com vistas apenas à harmonia geral, os resultados de nosso trabalho se espalharão por todos os setores de nossa vida e os melhoramentos em qualquer detalhe particular serão pequenos a ponto de serem negligenciáveis. O caminho certo é concentrar nossas orações naquilo que desejamos demonstrar no momento.

Não rezamos por uma graça como um objeto em si mesmo, é verdade, mas quando experimentamos uma falta, seja, por exemplo, de dinheiro, de posição, de casa, ou de um amigo, tratamo-nos – a nossa alma – com vistas a esse sentimento de falta, e quando rezamos o suficiente para corrigir nossa compreensão nesse setor, aquilo que procuramos aparecerá, como prova de que a obra foi feita. Satisfaça o sentimento de falta dentro de si mesmo com o sentimento do Amor Divino e aquilo de que sente falta aparecerá em sua vida por si mesmo. Quando você faz suas orações, não tenha medo de ser demasiado definido, preciso e pragmático. O próprio Jesus era tudo isso. Ninguém nunca foi menos vago ou indefinido do que ele.

> Portanto, vós orareis assim: Pai-Nosso que estais no Céu, santificado seja o Vosso nome.
> Venha a nós o Vosso Reino, seja feita a Vossa vontade, assim na Terra como no Céu.
> O pão nosso de cada dia nos dai hoje.
> E perdoai-nos as nossas dívidas, assim como perdoamos aos nossos devedores.
> E não nos deixeis cair em tentação, mas livrai-nos do mal; porque Vosso é o Reino, e o Poder, e a Glória, para todo o sempre. Amém.

> Porque, se perdoardes aos homens as suas ofensas, também o vosso Pai celestial vos perdoará a vós.
> Se, porém, não perdoardes aos homens as suas ofensas, também vosso Pai vos não perdoará as vossas ofensas.
>
> (Mateus 6)

Esta oração, a maior de todas as preces, a que vulgarmente chamamos Pai-Nosso é, na realidade, um soberbo sumário de todos os ensinamentos de Jesus Cristo, e representa uma perfeita condensação da metafísica cristã. Como o autor deste livro já lhe dedicou um outro volume intitulado *O Pai-Nosso,* não há necessidade de se estender sobre o assunto aqui.

Basta dizer que, em seus poucos versículos, define a natureza de Deus e do homem, explica a verdadeira relação que existe entre eles, diz-nos o que o universo realmente é e oferece um método de rápido desenvolvimento espiritual para aqueles que o usam de maneira inteligente, todos os dias.

Observe-se, principalmente, como Jesus insiste na necessidade de perdoar, sem a qual não pode haver progresso espiritual.

> E, quando jejuardes, não vos mostreis contristados, como os hipócritas; porque desfiguram os seus rostos, para que aos homens pareça que jejuam. Em verdade vos digo que já receberam o seu galardão.
> Porém tu, quando jejuares, unge a tua cabeça, e lava o teu rosto.
> Para não pareceres aos homens que jejuas, mas a teu Pai, que está em oculto; e teu Pai, que vê em oculto, te recompensará.
>
> (Mateus 6)

Naquele tempo, era uso jejuar, e Jesus parte desse princípio. Jejuar, no Cristianismo Científico, é abster-se de certos pensamentos, principalmente pensamentos errados ou negativos, claro; em certos casos, porém, é necessário, quando a pessoa deseja uma manifestação, abster-se de pensar num problema particular. Há certos problemas, geralmente aqueles sobre os quais você esteve pensando demais, que só desaparecem ou são vencidos "pela prece e pelo jejum". Nesse caso, é melhor dar ao problema um tratamento definido e definitivo e depois deixá-lo de lado por algum tempo; ou então encarregar alguém de resolvê-lo para você, que não pensará mais nele.

O jejum físico às vezes ajuda a vencer um problema, especialmente as chamadas dificuldades "crônicas", quando acompanhado, é claro, de um tratamento espiritual. Isso se deve principalmente ao alto grau de concentração que acompanha o jejum físico.

Note-se que o versículo 18 é substancialmente uma repetição do versículo 6. Quando a Bíblia se repete dessa maneira, é porque se trata de um ponto de primordial importância.

> Não ajunteis tesouros na Terra, onde a traça e a ferrugem tudo consomem, e onde os ladrões minam e roubam.
> Mas ajuntai tesouros no Céu, onde nem a traça nem a ferrugem consomem, e onde os ladrões não minam nem roubam.
> Porque, onde estiver o vosso tesouro, aí estará também o vosso coração.
> A candeia do corpo são os olhos; de sorte que, se os teus olhos forem bons, todo o teu corpo terá luz;
> Se, porém, os teus olhos forem maus, o teu corpo será tenebroso.
> Se, portanto, a luz que em ti há são trevas, quão grandes serão tais trevas!
>
> (Mateus 6)

Tendo explicado a natureza do Lugar Secreto e indicado a Prece, ou a Compreensão Divina, como sendo a Chave da Vida,

Jesus passa a enfatizar algumas consequências que decorrem de tudo isso, com o objetivo de nos mostrar como devemos, o mais depressa possível, refazer toda a nossa vida de acordo com a nova base. Por exemplo, agora que compreendemos ser o plano material apenas o *pensamento objetivado,* deveríamos perceber a loucura de juntar, ou tentar juntar, grandes quantidades de dinheiro ou de bens materiais de qualquer espécie. Se sua consciência for boa, isto é, se você tiver uma boa compreensão de Deus como a Fonte amorosa que lhe fornece energia ilimitada, será sempre capaz de manifestar todo o dinheiro ou os bens de que precisar, onde quer que você esteja e sejam quais forem suas condições. Não sentirá falta de nada, desde que compreenda que, na Mente Divina, a procura e o suprimento são uma só coisa. Pelo contrário, enquanto não se aperceber disso, nunca estará a coberto da necessidade. Pode adquirir uma grande quantidade de bens materiais, ter uma boa conta no banco, ações e obrigações, propriedades, seja o que for; mas, a menos que você tenha alcançado uma compreensão espiritual suficiente, essas coisas provavelmente acabarão, mais cedo ou mais tarde, por criar asas e voar. Realmente, não se pode ter segurança sem compreensão espiritual.

Os bancos "mais seguros" podem falir; catástrofes imprevistas acontecem nas bolsas de valores; minas e poços de petróleo podem ser destruídos por algum cataclismo natural, ou exaurir-se; uma nova invenção pode facilmente arruinar outra mais antiga; a abertura ou o fechamento de uma estação ferroviária, ou a inauguração de uma nova empresa podem desvalorizar sua propriedade; sem mencionar o efeito imprevisível de inesperados levantes políticos em todas as espécies de propriedades. Em resumo, é uma perda de tempo dar demasiada atenção ao acúmulo de posses materiais, tão vulneráveis a mudanças e reviravoltas da sorte, às "traças e à ferrugem" e aos ladrões.

Se uma porção razoável do tempo e da atenção que a maioria das pessoas despende correndo atrás de bens materiais fosse por elas devotada à prece científica e à meditação, a alteração de consciência que se seguiria colocá-las-ia fora do alcance de qualquer possibilidade de sofrer por culpa de qualquer desses azares.

Se você tivesse uma compreensão espiritual suficiente do abastecimento, seus investimentos provavelmente sempre dariam certo; se, por um azar, dessem errado, suas perdas seriam imediatamente substituídas de alguma outra maneira e antes que você tivesse tempo de sofrer por causa delas. Se, digamos, o banco no qual sua fortuna estivesse depositada parasse de pagar na segunda-feira, provavelmente antes do fim da semana uma soma equivalente de dinheiro, ou, pelo menos, o que você precisasse, lhe adviria de algum outro lugar – se você tivesse suficiente compreensão espiritual. De qualquer maneira, o dono de uma consciência próspera não pode ficar arruinado; nem, ao contrário, o dono de uma consciência pobre pode ser permanentemente enriquecido.

No longo prazo, ninguém pode conservar o que não lhe pertence por direito de consciência, nem ser privado do que é realmente seu pelo mesmo motivo.

Por conseguinte, você fará bem em não acumular tesouros na Terra e sim no Céu; ou seja, em procurar entender a Lei Espiritual. Se você estiver procurando acumular bens exteriores, passageiros, mutáveis, pensando que vai conseguir segurança ou felicidade, é sinal de que não está pondo Deus em primeiro lugar. Se estiver colocando Deus em primeiro lugar em sua vida, não ficará indevidamente ansioso com coisa alguma, pois *onde estiver o vosso tesouro, aí estará também o vosso coração.*

Seguindo a mesma corrente de ideias em maior detalhe, Jesus prossegue dizendo que aqueles que assentarem sobre a nova base ficarão livres de toda a espécie de ansiedade mesquinha e dos detalhes angustiantes que continuam a afligir os outros. Problemas relacionados com a alimentação, por exemplo, se resolverão por si próprios se a pessoa pensar corretamente. Um seguidor da nova vida não precisa vigiar cada garfada que leva à boca, a ponto de comer se tornar um problema. Ele come natural e espontaneamente de tudo o que lhe apresentam, sabendo que sua habitual maneira certa de pensar se encarregará também de sua alimentação. Se tivesse sido acostumado a comer mais do que lhe convinha, o fato de agora orar diariamente pedindo sabedoria e orientação em geral faria com que ele passasse a comer menos; ou, se não estivesse comendo o suficiente, a oração científica diária o faria comer mais, até chegar à quantidade certa.

O mesmo princípio se aplica a todos os detalhes da vida cotidiana. Se você rezar para si mesmo de maneira certa, todos os dias, verá que as menores coisas da vida se acomodarão gradualmente por si sós, sem qualquer trabalho de sua parte. Contraste isso com o método habitual de tentar fazer tudo certo, organizando separadamente mil pequenos detalhes, e apreciará a liberdade que a nova base espiritual lhe dá. *Se os teus olhos forem bons, todo o teu corpo terá luz.* Eis o resumo de toda a Verdade. Realmente, se os *olhos forem bons, todo o corpo* da experiência *terá luz.*

Os olhos simbolizam a percepção espiritual. *Aquilo a que você dá atenção é a coisa que governa sua vida.* A atenção é a chave. Seu livre-arbítrio está em saber dirigir sua atenção. Seja qual for o objetivo em que você depositar firmemente sua atenção, acabará entrando em sua vida e a dominará. Se não dirigir sua atenção consistentemente para nada em particular – e isso acontece com muita gente –, nada de especial ocorrerá em sua vida, exceto a incerteza e o suspense – e você se sentirá como um tronco à deriva. Se dirigir sua atenção para o mundo exterior da manifestação, que, por sua própria natureza, está sempre mudando e se alterando, tenderá a experimentar pobreza, infelicidade e doença; ao passo que, se dirigir sua atenção para Deus, se a Glória do Senhor for a primeira coisa em sua vida, e se a expressão de Sua Vontade se tornar a prioridade de sua existência, seus olhos serão bons e todo o seu corpo terá luz.

> Ninguém pode servir a dois senhores; porque ou há de odiar um e amar o outro, ou se dedicará a um e desprezará o outro. Não podeis servir a Deus e a Mamom.
> Por isso eu vos digo: não andeis cuidadosos quanto à vossa vida, pelo que haveis de comer ou pelo que haveis de beber; nem, quanto ao vosso corpo, pelo que haveis de vestir. Não é a vida mais do que o mantimento, e o corpo mais do que o vestido?
> Olhai para as aves do céu, que nem semeiam, nem segam nem ajuntam em celeiros; e vosso Pai celestial as alimenta. Não tendes vós muito mais valor do que elas?
> E qual de vós poderá, com todos os seus cuidados, acrescentar um côvado à sua estatura?
> E, quanto ao vestido, por que andais solícitos? Olhai para os lírios do campo, como eles crescem: não trabalham nem fiam;
> E eu vos digo que nem mesmo Salomão, em toda a sua glória, se vestiu como qualquer deles.
> Pois, se Deus assim veste a erva do campo, que hoje existe e amanhã é lançada no forno, não vos vestirá muito mais a vós, homens de pouca fé?
> Não andeis pois inquietos, dizendo: que comeremos, ou que beberemos, ou com que nos vestiremos?
> (Porque todas estas coisas os gentios procuram.)
> Decerto vosso Pai celestial bem sabe que necessitais de todas estas coisas;
> Mas buscai primeiro o Reino de Deus, e a sua justiça, e todas estas coisas vos serão acrescentadas.
>
> (Mateus 6)

Muitos cristãos têm aceito esses fatos teoricamente, mas se sentindo desencorajados a aplicá-los na prática, e essa vacilação lançou-os ao mar de dificuldades que sempre se segue à inconsistência e à fraqueza. Constata-se que os que assentam sua vida numa base puramente material têm, no cômputo geral, uma vida melhor, porque pelo menos vivem de acordo com as melhores coisas que conhecem e seguem as regras do jogo conforme as entendem. Tentar se apoiar umas vezes numa base outras noutras é procurar *servir a dois senhores,* coisa que naturalmente não dá certo. *Não podeis servir a Deus e a Mamom.*

O homem é essencialmente espiritual, criado à imagem e semelhança de Deus e, portanto, feito para viver segundo a Base Espiritual. Não pode vencer em nenhuma outra. As aves do ar e os lírios do campo dão ao homem uma grande lição, em sua completa adaptação às leis dos seus respectivos planos. Expressam profundamente suas verdadeiras naturezas, vivem suas vidas de acordo com elas e sem conhecer a preocupação e a ansiedade que arruínam tantas vidas humanas. Os lírios mencionados são as belas papoulas silvestres do Oriente, e quem quer que tenha visto um campo de papoulas dançando e balançando à brisa compreenderá a sensação de serenidade, liberdade e alegria que Jesus afirma nos pertencer de direito.

Naturalmente, ele não quis dizer que nós, como seres humanos, devemos copiar as vidas e os métodos das aves ou das flores, pois somos infinitamente mais elevados, na escala da criação, do que elas. A lição é que nos devemos adaptar tão completamente a nosso elemento quanto eles ao seu. E nosso verdadeiro elemento é a Presença de Deus. Disse Santo Agostinho: "Tu nos fizeste para Ti e os nossos corações não têm descanso enquanto não repousam em Ti." Quando o homem aceita a Verdade de que vive e se move e existe em Deus, tão completa e indubitavelmente quanto as aves e as flores aceitam a verdade de *sua* condição, ele se manifesta tão profunda e facilmente quanto elas.

Se alguém tiver a insensatez de tomar essas belas metáforas ao pé da letra, em vez de espiritualmente, e se deitar num campo entre as papoulas, à espera de que Deus realize um milagre dramático, logo ficará sabendo, por experiência própria, que não é essa a maneira. Possuindo faculdades infinitamente superiores às dos reinos vegetal ou animal, ele só emulará a sabedoria e a glória deles se for incessantemente ativo em seu próprio reino, o da oração e da meditação. A Base Espiritual não quer dizer *laissez-faire* e sim uma atividade intensificada, mas no plano espiritual, e não no material. Essa é a única maneira pela qual a pessoa pode procurar primeiro o Reino dos Céus, e todas as suas necessidades serão atendidas.

Se estiver muito preocupado, confuso ou desanimado, está na hora de se deitar mentalmente entre as papoulas e ler a Bíblia ou orar persistentemente, até que algo aconteça – seja dentro de você, seja exteriormente. Não se trata de *laissez-faire,* pois você está orando. Uma senhora londrina, cujos negócios pareciam estar caminhando para a ruína, foi por mim convencida a depor mentalmente o fardo de preocupações e "deixar o pior acontecer", enquanto ela passava dois ou três dias lendo a Bíblia e pedindo a Deus paz e felicidade. Dentro de uma semana, tudo estava resolvido como por encanto, sem que ela tivesse tomado qualquer ação material.

O modo normal de se conseguir abastecimento espiritual é escolher uma profissão ou um ramo de negócios útil, em que a pessoa se sinta feliz e satisfeita, fazendo um bom trabalho e recebendo uma compensação justa. A oração científica põe qualquer pessoa que ainda não a tenha numa tal posição e, se a pessoa orar todos os dias como deve, compreendendo seu verdadeiro lugar e pedindo oportunidades para servir, sua posição, seja ela qual for, progredirá constantemente à medida que o tempo for passando.

Naturalmente, isto não significa que a pessoa tenha que ter uma profissão ou se dedicar a qualquer ramo de negócio. A dona de casa é uma cidadã tão útil quanto a profissional; e muitas pessoas cujos rendimentos lhes tornam desnecessário ganhar dinheiro têm ocupações muito úteis, nos campos da arte, da literatura e outros. O que é certo é que ninguém que aspire à Base Espiritual pode levar uma vida de ócio, por mais dinheiro que possua.

Sabe-se, ocasionalmente, de casos curiosos de pessoas que se julgam tão espirituais que não acham necessário ganhar a própria vida. Uma outra pessoa, um parente ou um amigo, não tão espiritual que não possa trabalhar, deverá sustentá-las na ociosidade. Essa atitude mental fala por si mesma. Se sua compreensão da metafísica for suficiente para lhe permitir dispensar o trabalho comum, você se achará automaticamente suprido de uma boa vida, de maneira independente e condigna. Isso não se aplica às pessoas endividadas ou que vivem à custa dos outros. Se desejar realmente se respaldar no poder da Palavra, faça isso – mas desde que você seja autêntico. A única maneira de fazer essa experiência de maneira genuína é "manifestar-se ou passar fome". Se estiver secretamente à procura de alguém em quem se encostar, não estará dependendo realmente da Palavra. Todo cristão científico tem direito a uma razoável prosperidade, ou seja, o suficiente para viver em conforto decente e numa razoável segurança. Até poder demonstrar isso genuinamente apenas pelo poder da Palavra, você deverá usar seu tratamento para encontrar uma posição e fazer dela um sucesso.

Jesus diz-nos, nesta passagem, que, com o devido cuidado, não acrescentaremos um côvado a nossa estatura. É mais uma maneira de afirmar a grande verdade – isto é, que precisamos nascer de novo. Enquanto permanecer o mesmo homem, não poderá, apesar de todos os cuidados, ser ou fazer nada além do que você é (porque, claro, sempre faz o que você é); só pode "chegar a algum lugar" tornando-se um homem diferente e isso você só pode fazer se tiver alguma ideia da Presença de Deus.

> Não vos inquieteis, pois, pelo dia de amanhã, porque o dia de amanhã cuidará de si mesmo. Basta a cada dia o seu mal.
>
> (Mateus 6)

Na oração científica, geralmente trabalhamos no tempo presente. Toda a ideia da oração científica é tornar mais justa nossa consciência e isso só pode ser feito no presente. "Olhai que é chegado o momento aceito. Olhai que é chegado o dia da salvação." Quando um problema referente a seu futuro se apresentar, como, por exemplo, suponhamos que você precise fazer um exame daqui a seis meses, ou uma viagem que você teme, na semana que vem – o que você deve fazer é orar agora mesmo, no tempo presente. Não espere que chegue o momento, mas comece desde já a orar; ou seja, trabalhe sua consciência com base no que você tem pela frente, mas no presente. Não tente adiantar seu tratamento. Ninguém pode fazer isso com sucesso. O acontecimento pode ser futuro, mas só o fato de você estar pensando nele significa que ele está presente em sua consciência; e, como o pensamento está presente, deve-se lidar com ele no presente. Da mesma maneira, você pode tratar acontecimentos passados – e deverá fazer isso –, se eles ainda continuam a preocupá-lo no tempo presente, porque eles ainda estão presentes em sua consciência. Trate os acontecimentos passados e futuros da mesma maneira, como se o incidente estivesse ocorrendo no momento presente. Lembre-se de que Deus está fora daquilo a que chamamos tempo e que a maravilhosa ação curativa de Sua Divina Presença se aplica tanto a uma data quanto a outra qualquer.

Lembre-se sempre de que o único pensamento com que você precisa se preocupar é o presente. Os pensamentos de ontem ou do ano passado não interessam mais, porque, se você puder tornar certo o pensamento presente, ele imediatamente tornará tudo o mais certo. A melhor maneira de se preparar para amanhã é tornar a consciência de hoje serena e harmoniosa. Todas as outras boas coisas se seguirão.

Nunca procure em sua mente problemas pelos quais orar ou para os quais buscar tratamento. Trate fielmente dos que lhe chamam a atenção e as coisas ocultas serão resolvidas.

O Cristianismo Científico desestimula também uma demasiada consideração do próximo plano e das condições após a morte. Tais preocupações são, muitas vezes, uma fuga das realidades da vida e dos problemas do dia a dia, que devem ser enfrentados e solucionados aqui, e não evitados ou, o que é a mesma coisa, adiados em pensamento.

Devemos pensar na Vida e não na morte, e nos concentrarmos em fazer, aqui e agora, nossa demonstração.

Com a medida com que tiverdes medido

Não julgueis, para que não sejais julgados.
Porque com o juízo com que julgardes sereis julgados, e com a medida com que tiverdes medido vos hão de medir a vós.
E por que reparas tu no argueiro que está no olho do teu irmão e não vês a trave que está no teu olho?
Ou como dirás a teu irmão: deixa-me tirar o argueiro do teu olho, estando uma trave no teu?
Hipócrita, tira primeiro a trave do teu olho, e então cuidarás em tirar o argueiro do olho do teu irmão.

Mateus 7

Esta passagem do Sermão da Montanha consiste em cinco pequenos versículos e em cerca de 100 palavras apenas. Não obstante, pode-se dizer que ele representa o mais impressionante documento jamais apresentado à humanidade. Esses cinco versículos nos contam mais sobre a natureza do homem, o significado da vida, a importância da conduta humana, a arte de viver, o segredo da felicidade e do sucesso, a maneira de sair dos embaraços e se aproximar de Deus, a emancipação da alma e a salvação do mundo, do que todos os filósofos e teólogos e sábios juntos, pois explicam a Grande Lei. E é muito mais importante que um homem e, ainda mais, uma criança, aprenda o significado desses cinco versículos do que qualquer coisa que se ensine nas escolas ou faculdades. Não há nada que se ensine nos cursos comuns, nada que possa ser aprendido em qualquer biblioteca ou em qualquer laboratório que tenha sequer uma milionésima parte da importância da informação contida neste trecho. Se fosse possível justificar o que dizem os fanáticos – "Queime-se o resto dos livros, pois tudo está contido neste" –, seria com referência a essas palavras.

Não julgueis, para que não sejais julgados. Porque com o juízo com que julgardes sereis julgados, e com a medida com que tiverdes medido vos hão de medir a vós. Se o homem comum compreendesse, por um só momento, o significado destas palavras e realmente acreditasse na sua veracidade, elas revolucionariam toda a sua vida de alto a baixo, virariam sua conduta diária do avesso e de tal maneira o transformariam, num espaço de tempo comparativamente curto, que até mesmo seus amigos mais chegados custariam a reconhecê-lo. Fosse ele primeiro-ministro ou um homem qualquer, essa compreensão faria com que o mundo, para ele, ficasse como que virado de cabeça para baixo e, como a coisa é contagiosa, viraria o mundo também para muitos outros.

Relendo o Sermão da Montanha com a mente aberta, ficamos sempre espantados de ver até que ponto suas mais desafiadoras afirmações têm sido, na prática, ignoradas pela grande maioria do mundo cristão. Se não se soubesse que essas palavras são constantemente ouvidas em público e lidas por milhões e milhões de cristãos de todas as seitas, isso pareceria incrível, pois as verdades que elas contêm parecem ser a última consideração a motivar a conduta de todos os dias – e, não obstante, expressam a simples e inescapável Lei da Vida.

Assim é que segundo a Lei da Vida, conforme falarmos, pensarmos e agirmos em relação aos outros, assim os outros pensarão, falarão e agirão com respeito a nós. Qualquer que seja nossa conduta, invariavelmente ela recairá sobre nós. Tudo o que fizermos aos outros acabará, mais cedo ou mais tarde, nos sendo retribuído por alguém em algum lugar. O bem que fizermos a outrem nos será recompensado na mesma medida; e o mal que possamos causar também nos será pago. Isso não quer dizer que as mesmas pessoas a quem tratamos bem ou mal serão as que nos devolverão o gesto. Isso quase nunca acontece, mas o que sempre acontece é, noutra ocasião ou noutro lugar, por vezes muito longe e muito depois, alguém que nada sabe de nossa conduta anterior servir, não obstante, de agente pagador. Para cada palavra pouco caridosa que você falar para ou a respeito de outra pessoa, uma palavra igual lhe será dita ou falada a seu respeito. Para cada vez que você passar a perna em alguém, outro lhe passará também. A cada vez que você enganar alguém, será também enganado. Para cada mentira que você disser, lhe dirão uma também. Cada vez que você negligenciar um dever ou fugir a uma responsabilidade, ou abusar de sua autoridade sobre outras pessoas, terá inevitavelmente de pagar ou sofrer algo igual na própria pele. *Com a medida com que tiverdes medido vos hão de medir a vós.*

Ora, não é óbvio que, se as pessoas compreendessem a verdade que há em tudo isso, sua conduta não seria profundamente influenciada? Uma tal compreensão não faria mais, na prática, para diminuir o crime e elevar o nível moral da comunidade do que todas as leis aprovadas pelos parlamentos, ou todas as penas aplicadas por juízes e magistrados? As pessoas são muito propensas a pensar, em especial quando fortemente tentadas, que provavelmente conseguirão escapar às leis do país, fugir da polícia ou se evadir, de uma ou de outra forma, escapando das malhas da autoridade. Esperam que as pessoas as perdoem ou não tenham poder para vingar seus atos, ou que a coisa fique esquecida com o passar do tempo; ou, melhor ainda, que nunca seja descoberta.

Contudo, se compreendessem que a lei da retribuição é uma Lei Cósmica, impessoal e tão imutável quanto a lei da gravidade, não considerando pessoas nem respeitando instituições, sem rancor mas também sem piedade, pensariam duas vezes antes de tratar os outros de maneira injusta. A lei da gravidade nunca dorme, nunca folga nem se cansa, não é compassiva nem vingativa; e ninguém sonharia em procurar fugir-lhe, intimidá-la, convencê-la ou suborná-la. As pessoas a aceitam como sendo inevitável e inescapável, e pautam sua conduta de acordo com ela – e a lei da retribuição é como a lei da gravidade. A água acaba, mais cedo ou mais tarde, por encontrar seu nível, e a maneira como tratamos os outros acaba sempre se refletindo sobre nós mesmos.

Alguns cristãos, depois de lhes ser explicada a lei da retribuição, objetam ser isso budismo ou hinduísmo, mas não cristianismo. É certo que essa lei é ensinada pelos budistas e pelos hinduístas, por ser a lei da natureza. Também é verdade que essa lei é mais bem compreendida nos países orientais do que entre nós; mas isso não faz com que ela seja uma propriedade exclusiva dos orientais. Significa apenas que as igrejas cristãs ortodoxas não se preocuparam em tornar clara para seus fiéis uma importante passagem da Bíblia.

Aos que dizem que essa lei é anticristã, respondo com uma pergunta: o Evangelho segundo São Mateus é ou não um documento cristão? Jesus Cristo era budista? Pode-se concordar ou não com essa doutrina; pode-se procurar ignorá-la, mas não se pode negar que Jesus Cristo a pregou e da maneira mais direta e enfática possível, ao dizer: *Não julgueis, para que não sejais julgados. Porque com o juízo com que julgardes sereis julgados, e com a medida com que tiverdes medido vos hão de medir a vós.*

Não devemos fazer a ninguém nada que não desejemos que façam a nós, porque mais cedo ou mais tarde nos farão a mesma coisa, principalmente se agirmos mal com alguém que estiver no nosso poder.

Mas a lei não seria boa se não funcionasse também noutro sentido e, por isso, também é verdade que, para cada boa ação que você fizer, para cada boa palavra que você disser, será recompensado, mais cedo ou mais tarde, de maneira equivalente. As pessoas muitas vezes se queixam de ingratidão por parte daqueles a quem ajudaram ou a quem prestaram favores e, frequentemente, isso é verdade; mas essa queixa mostra uma atitude falsa, que é importante corrigir. Quando a pessoa se sente ofendida ou ferida pela ingratidão de outrem, isso prova que ela esperava gratidão, o que é um grande erro. A verdadeira razão para ajudarmos a outrem é ser esse o nosso dever ou, então, uma forma de expressarmos amor. Se quisermos, podemos ter em mente que, de alguma outra forma, nossa boa ação será reconhecida. O fato de a pessoa esperar gratidão significa que está colocando a outra numa posição de dívida, o que fará com que a devedora se ressinta, pois se trata de algo altamente repugnante à natureza humana. Devemos fazer uma boa ação e não esperar reconhecimento pessoal.

Não é uma maravilha pensar que todas as orações que você já disse durante sua vida, e todas as boas ações e boas palavras que fez e proferiu continuam com você, sem que ninguém possa levá-las consigo? De fato, as nossas preces, as nossas palavras e as nossas boas ações são as únicas coisas que conservamos, pois tudo o mais acaba desaparecendo. Pensamentos, palavras e atos errados são quitados pela Lei, mas as boas coisas permanecem para sempre, inalteradas e imunes ao tempo.

Todos aqueles que estudam o Cristianismo Científico e compreendem o poder do pensamento sabem que é no reino do pensamento que a Lei encontra sua verdadeira aplicação e que a única coisa que, no fundo, tem importância é pensar bem sobre os outros – como de si mesmo.

Pensar corretamente sobre Deus, pensar corretamente sobre nossos semelhantes e sobre nós mesmos, eis a Lei e os Profetas.

Sabendo que o Domínio está localizado no Lugar Secreto, é nele que focalizarão sua atenção, ao observar o *não julgueis*.

A Regra de Ouro do Cristianismo Científico é: *pense a respeito dos outros como você gostaria que eles pensassem a seu respeito*. À luz do conhecimento que ora possuímos, a observância desta regra torna-se um dever muito solene e, ainda mais que isso, uma dívida vital de honra. Uma dívida de honra é uma obrigação que não pode ser imposta por lei, mas que depende da honra e do respeito próprio do devedor e, da mesma forma, como ninguém pode saber ou provar o que estamos pensando, não somos responsáveis por nossos pensamentos perante nenhum tribunal senão o mais alto de todos – o Tribunal que nunca comete erros e de cujas decisões nunca podemos fugir.

Tendo compreendido em que consiste a Grande Lei e seu funcionamento, conforme resumidos por Jesus nesta passagem, o estudante está agora em posição de dar o próximo grande passo e compreender como *é possível elevar-se acima da própria Grande Lei*, em nome do CRISTO. Na Bíblia, o termo "Cristo" não é idêntico a Jesus, o indivíduo, mas um termo técnico, que pode ser definido como a Verdade Espiritual Absoluta a respeito de qualquer coisa. Ora, conhecer essa Verdade a respeito de qualquer pessoa, condição ou circunstância, cura imediatamente essa pessoa, condição ou circunstância, na medida em que essa Verdade é compreendida por quem a pensa. Essa é a essência da cura espiritual e constatamos assim que, no sentido mais amplo e independentemente do trabalho especial e sem paralelo que Jesus fez para nós, é verdade que o Cristo veio ao mundo para redimi-lo e salvá-lo. Sempre que o Cristo (isto é, a Verdadeira Idéia a respeito de algo) é elevado em pensamento por alguém, segue-se a cura – seja ela física, moral ou até mesmo intelectual, conforme o caso.

A cura intelectual seria transformar uma pessoa estúpida numa criatura inteligente. As crianças atrasadas na escola reagem como por mágica a esse tratamento. Devemos pedir Inteligência Divina para elas e compreender que Deus é a alma do homem. Pecado e doença, pobreza e confusão, fraqueza de caráter, tudo desaparece sob o poder curativo de Cristo. Por mais grave que seja o problema, a compreensão do Cristo, ou da Verdade Espiritual por trás da fachada, o resolverá. Não há nenhuma exceção a essa regra, já que o Cristo, sendo a ação direta de Deus, o Autoconhecimento do Espírito, domina tudo o mais.

A lei superior do Espírito domina todas as leis inferiores dos planos físico e mental. Isso, conforme vimos no primeiro capítulo, não significa que as leis dos planos físico ou mental sejam infringidas, e sim que o homem, graças à sua origem divina, tem o poder de se erguer acima desses domínios e se projetar na infinita dimensão do Espírito, onde essas leis já não podem afetá-lo. Não infringiu as leis, mas se aventurou para além delas. Uma imagem bastante inadequada seria a do balão que se eleva do solo, parecendo desafiar a lei da gravidade, tão logo é inflado. Parece que a lei da gravidade foi infringida, mas é claro que não; contudo, a experiência normal da vida comum é invertida. A Lei do Karma, que não respeita pessoas e nada esquece, é na verdade apenas uma lei que rege a matéria e a mente – e não o Espírito. No Espírito, tudo é perfeito e eterno, o bem é inalterável. Não existe nenhum mau karma a ser ceifado, porque nenhum pode ser semeado e, assim, quando o homem, através daquilo a que chamamos oração, meditação ou tratamento, transfere sua atenção para o domínio do Espírito, coloca-se – na medida em que transfere sua atenção – sob a lei do perfeito bem e o karma não mais existe.

O homem tem, pois, de escolher entre o karma ou Cristo. Esta é a melhor notícia que a humanidade já recebeu e por essa razão é chamada a boa notícia, ou o Evangelho, pois tal é o significado dessa palavra. É a carta de alforria do homem, o seu domínio sobre todas as coisas por ter sido criado à Imagem e Semelhança de Deus. Ele pode escolher. Pode permanecer na região limitada da mente e da matéria, e neste caso ficará amarrado à roda do karma; ou pode apelar, através da oração, para o Reino do Espírito – isto é, ao Cristo – e ficar livre. Mas tem de escolher entre o Cristo ou o karma – e CRISTO É SENHOR DO KARMA.

No Oriente, onde o karma é tão bem compreendido, as pessoas não têm a mensagem do Cristo e se encontram, portanto, numa posição sem esperança. Mas nós, que compreendemos corretamente o Evangelho do Cristo, temos a possibilidade de nos libertar. Por outras palavras, o karma só é inexorável quando a gente não reza. Tão logo a gente reza, começamos a nos elevar acima do karma, ou seja, começamos a apagar as consequências desagradáveis de erros passados. Para cada erro, a pessoa precisa ou sofrer as consequências, ou ser punida, ou apagá-las por meio da prece científica – a Prática da Presença de Deus. Temos a possibilidade de fazer a maior das escolhas: Cristo ou karma.

Isto quer dizer que qualquer erro, qualquer insensatez, qualquer pecado pode ser expurgado do Livro da Vida, com toda a punição ou o sofrimento que deles resultem naturalmente? Sim, significa nada mais, nada menos, do que isso. Não há mal que o Cristo não destrua. Deus ama de tal maneira o mundo que manifesta Seu único Poder em Cristo, e quem o escolher não perecerá através de sua própria fraqueza, mas terá a eterna salvação.

Não se deve – é necessário dizer – supor que as consequências de um erro podem ser evitadas por uma prece superficial e mecânica. Tal não acontece. Nada de orações superficiais, mas uma suficiente compreensão de Deus capaz de alterar fundamentalmente o caráter do pecador, e de apagar o castigo que, de outra maneira, sempre se seguirá ao pecado. Quando se orou ou tratou o suficiente para que o pecador se torne um outro homem e não deseje incorrer de novo no pecado, pode-se considerá-lo salvo; e, nesse caso, os castigos desaparecem, pois Cristo é Senhor do karma.

Por seus frutos

> Não deis aos cães as coisas santas, nem deiteis aos porcos as vossas pérolas; não aconteça que as pisem com os pés e, voltando-se, vos despedacem.
>
> Mateus 7

    A inteligência é uma parte tão essencial da mensagem cristã quanto o amor. Deus é amor, mas é também inteligência infinita, e a menos que essas duas qualidades estejam em equilíbrio em nossas vidas, não teremos sabedoria, pois *a sabedoria é a combinação perfeita da inteligência e do amor*. O amor sem inteligência pode causar muitos males – as crianças mimadas são um exemplo disso –, e a inteligência sem amor pode gerar a crueldade requintada. Toda a verdadeira atividade cristã tem de expressar sabedoria, pois o zelo sem discrição é proverbialmente funesto.

    Muitas vezes acontece que, ao se sentirem na posse de um conhecimento da Verdade e livres de alguma dificuldade opressora, as pessoas ficam tão exultantes que começam a contar, indiscriminadamente, sua descoberta aos outros, compelindo-os a aceitar, também, a Verdade. É perfeitamente compreensível que isso aconteça, pois o amor anseia por compartilhar suas benesses; não obstante, essa é uma atitude bastante insensata. O fato é que a aceitação da Verdade requer, conforme já vimos, a substituição de todos os velhos padrões e isso é algo muito difícil de se esperar de alguém, pois só pode acontecer quando as pessoas estão espiritualmente preparadas para essa mudança. Se a pessoa estiver espiritualmente pronta, aceitará de bom grado a Verdade, se ela lhe for apresentada de maneira a atraí-la; mas, se não estiver preparada para isso, não há argumentos que a levem a aceitá-la.

Não confie nunca em seu julgamento para dizer quem está pronto para aceitar a Verdade e quem não está; confie, isso sim, na orientação e na inspiração do Espírito Santo. Quase todos nós, ao compreendermos a Ideia Espiritual e o que ela significa, passamos pela experiência de escolher alguns amigos que, temos certeza, ficarão entusiasmados, apenas para termos a decepção de ver que, na maioria dos casos, eles absolutamente não se interessam. Por outro lado, várias pessoas que, equivocadamente, considerávamos pouco espirituais (por não parecerem espirituais) aceitam de bom grado a Ideia e obtêm muito sucesso com ela. Se rezar regularmente, todos os dias, pedindo sabedoria, inteligência e novas oportunidades de servir, verá que as pessoas certas serão atraídas para você, ou será levado até onde elas estão – e surgirá uma ocasião conveniente para você apresentar o assunto. Se, em companhia de alguém, você estiver em dúvida quanto a abordar ou não o tema da Verdade, não o faça; em vez disso, peça orientação e entregue o caso à ação de Deus. Às vezes nada acontece, nenhuma oportunidade se apresenta quando você está com seu amigo. Isso significa que a hora ainda não chegou e que não é conveniente você falar, pois nada de bom resultaria. Frequentemente, porém, na conversa surge uma chance, após você ter orado, ou acontece algum incidente externo que lhe fornece a oportunidade de introduzir o assunto. Tenho assistido a vários casos assim.

Acima de tudo, evite forçar o tema da Verdade em cima das pessoas com quem você tem de viver e trabalhar – principalmente em sua casa. Você será considerado um chato, se quiser empurrar suas ideias para cima de pessoas que não podem apreciá-las por não se considerarem preparadas. Como as pessoas de sua família e aquelas com quem você trabalha têm de estar em contato diário com você e vice-versa, uma atitude dessas provavelmente produziria bastantes atritos e até mesmo ressentimentos. Procure compreender que eles não podem ver as coisas como você as vê e que, portanto, as veem de uma maneira completamente diferente. Além do mais, você pode não saber expor suas ideias da melhor maneira possível. Por fim, não se esqueça de que aqueles mais chegados a você poderão inspecionar de perto sua conduta, conhecerão muitos dos seus defeitos e fraquezas e, se você falar demais e sem tato suficiente no que diz respeito ao esclarecimento espiritual, esperarão muito mais de você do que lhe será possível demonstrar de início, e terão de ser muito superiores para não lhe apontarem discrepâncias nos momentos mais críticos – na hipótese de você se mostrar por demais agressivo. Em outras palavras, "avance lentamente". Se conquistar a reputação de chato ou maníaco, isso em nada ajudará a espalhar a Verdade. A maneira mais rápida de espalhá-la é viver de acordo com ela. Só assim as pessoas observarão a mudança que ocorreu com você e, vendo que sua vida melhorou, do ponto de vista da saúde e da prosperidade, vendo a felicidade estampada em seu rosto, elas próprias lhe pedirão para lhes contar o segredo. Não será preciso insistir ou andar atrás delas.

Quando você desejar apresentar a Verdade a uma determinada pessoa ou a um grupo de pessoas, antes de mais nada deverá preparar-se durante vários dias ou, melhor ainda, durante uma ou duas semanas antecipadamente. Trabalhe para conseguir Inteligência, Amor (a fim de vencer a impaciência e ajudá-lo a enfrentar o ridículo ou a aparente má acolhida) e, acima de tudo, Sabedoria, a qual, conforme já vimos, é a união dos dois primeiros. Proclame que a ação de Deus o fará dizer a coisa certa quando chegar o momento e dotará seus ouvintes das mesmas qualidades. Não se permita preocupar-se o mínimo que seja com o possível resultado da discussão. Espalhe a Verdade e só. Você ficará impressionado com os resultados que vai conseguir, após alguns dias desse tipo de preparação espiritual.

> Pedi e dar-se-vos-á; buscai e encontrareis; batei e abrir-se-vos-á;
> Porque aquele que pede, recebe; e o que busca, encontra; e ao que bate, se abre.
> E qual dentre vós é o homem que, pedindo-lhe pão o seu filho, lhe dará uma pedra?
> E, pedindo-lhe peixe, lhe dará uma serpente?
> Se vós, pois, sendo maus, sabeis dar boas coisas aos vossos filhos, quanto mais vosso Pai, que está nos céus, dará bens aos que lhos pedirem?
>
> (Mateus 7)

Esta é a maravilhosa passagem na qual Jesus enuncia a verdade primária da Paternidade de Deus. Essa verdade pode ser chamada primária porque é a pedra fundamental sobre a qual se ergue toda a estrutura da verdadeira religião. Antes de os homens compreenderem o significado da Paternidade de Deus e o que isso implica, quase não conseguiam alcançar uma experiência religiosa satisfatória. Enquanto os homens acreditavam na existência de muitos deuses, não era possível uma profunda experiência religiosa, pois toda experiência religiosa genuína é uma busca de união consciente com Deus. Muitos deuses só podiam ser deuses da limitação; e como eram sempre, e necessariamente, representados em conflito uns com os outros, uma tal crença só podia gerar um pensamento caótico. Aqueles que tinham ido além dessa ideia e chegado ao conceito do Deus Verdadeiro ou Único, ainda pensavam Nele como sendo uma espécie de rei-tirano, ou sultão oriental, governando os homens com uma vara de ferro, mais ou menos à maneira de um tirano caprichoso e humano. O Deus de muitos dos autores do Velho Testamento é um déspota ciumento, vingativo e cruel; um sultão, quase impossível de satisfazer, implacável em sua ira, muitas vezes indiscriminado em sua vingança. Parece não ter mais em comum com a humanidade do que os homens em comum com os animais; ou muito menos, pois nós achamos que compartilhamos muitas das limitações com as mais baixas das criaturas, numa suscetibilidade comum ao sofrimento, à fome e à morte.

A visão de Deus como um sultão oriental era a mesma de muitos cristãos ortodoxos até há bem pouco tempo – é preciso não esquecer –, e negava ao homem qualquer ponto em comum com Deus. Um escritor moderno comparou esse deus com um certo milionário inglês, cujo *hobby* é manter um zoológico particular perto de Londres repleto de animais que existem apenas com o intuito de satisfazer ao interesse e ao prazer de seu proprietário. Este visita os bichos de vez em quando (obedecendo, sem dúvida, a conselhos de entendidos), manda abater certos animais, mudar outros para jaulas mais espaçosas e fazer isto ou aquilo com outros tantos. Naturalmente, não tem a menor comunhão espiritual com os bichos, que são apenas uma espécie de brinquedos animados e servem para diverti-lo. Não é exagero afirmar que existe semelhança entre esse procedimento e as concepções de muitos fundamentalistas, por exemplo.

Nesta passagem, Jesus ataca, de uma vez por todas, a raiz dessa horrível superstição. Basta ler a Bíblia com o espírito aberto. Diz ele, definitiva e claramente – sublinhando suas palavras da maneira mais circunstancial –, que o verdadeiro relacionamento entre Deus e o homem é o mesmo que existe entre pai e filho. Deus deixa de ser o potentado distante, que lida a seu bel-prazer com escravos, e torna-se o Pai amoroso de todos nós, Seus filhos. É muito difícil compreender a enorme importância que essa declaração representa para a vida da alma. Se você ler e reler a passagem sobre a Paternidade de Deus todos os dias, durante semanas, verá que ela, por si só, responde a muitos de seus problemas religiosos. Arrisco-me a dizer que você vai ficar surpreso com a quantidade de perguntas intrigantes que ela vai responder de uma vez por todas. Os ensinamentos de Jesus a respeito da Paternidade de Deus são originais e únicos. No Velho Testamento, Deus nunca é chamado de "Pai". Quando há referências à Sua Paternidade, Ele é chamado Pai da nação e não das criaturas. Foi por essa razão que Jesus se serviu da declaração da Paternidade de Deus para iniciar o que chamamos de "Pai-Nosso". Explica, por exemplo, a tremenda afirmação, no Gênese, de que o homem foi feito à imagem e semelhança de Deus.

Naturalmente, o filho tem de ser da mesma natureza e espécie do pai e, por isso, se Deus e o homem são realmente Pai e filho, o homem – apesar de todas as suas presentes limitações e não obstante todas as aparências em contrário – deve também ser essencialmente divino e suscetível ao infinito crescimento e desenvolvimento ao longo do caminho da divindade. Isso significa que, à medida que a verdadeira natureza do homem – seu caráter espiritual – se vai manifestando, isto é, à medida que ele se torna cada vez mais consciente dela, sua consciência espiritual se expande até ele transcender todos os limites da imaginação humana: sempre e cada vez mais para a frente. É com referência a esse nosso destino glorioso que, conforme já vimos, o próprio Jesus afirma, noutra passagem, citando as antigas escrituras: "Já disse que vós sois deuses e todos filhos do Altíssimo." E enfatiza o que diz, acrescentando: "E as escrituras não podem ser infringidas."

Assim, nesta passagem, vemo-nos de uma vez por todas livres do último elo da última cadeia que nos une a um destino limitado e degradante. Somos filhos de Deus; e, portanto, herdeiros junto com Jesus Cristo, conforme diz Paulo; e, como filhos de Deus, Seus herdeiros e não estranhos, nem servos, ou muito menos escravos. Somos Seus filhos e um dia teremos direito à nossa herança. Atualmente, estamos cheios de limitações e incapacidades porque, do ponto de vista espiritual, não somos senão filhos – menores, crianças irresponsáveis, sem sabedoria nem experiência, precisamos ficar sob controle para que nossos erros não nos tragam consequências sérias. Mas, tão logo o homem se emancipa espiritualmente, proclama seus direitos e os obtém. "O herdeiro, enquanto criança, não difere de um servo. Pode ser Senhor de tudo, mas obedece a tutores e governantes"; porém, quando chega o momento, ele desperta para a Verdade e obtém sua maioridade espiritual. Compreende que é a Voz do Próprio Deus que está em seu coração, fazendo-o chorar: "Abba, Pai." Sabe, finalmente, que é filho de um grande Rei e que tudo o que seu Pai tem é para seu uso, seja saúde ou alimento, oportunidade, beleza, alegria ou qualquer outro dos pensamentos de Deus.

A pior coisa que existe na vida é a lentidão – ou, talvez seja melhor dizer, a relutância – do homem em se aperceber de seu domínio. Deus nos deu domínio sobre todas as coisas, mas recuamos, como crianças assustadas, ante a ideia de assumi-lo, embora seja essa nossa única escapatória. A humanidade é muitas vezes igual a um fugitivo que se senta ao volante de um automóvel pronto para levá-lo para um lugar seguro, mas que não consegue, por nervosismo, pôr o carro em andamento. Fica sentado, paralisado de horror, olhando para trás, imaginando que seus perseguidores vão conseguir capturá-lo e o que acontecerá, se isso ocorrer. Poderia fugir a qualquer momento, mas não consegue, ou não ousa.

Jesus, que conhecia o coração humano como ninguém, antes ou depois dele, compreendeu nossa dificuldade e nossa fraqueza a esse respeito e, com seu uso mágico das palavras, com seu poder de dizer as verdades fundamentais de maneira tão simples e direta que nem mesmo uma criança poderia deixar de entendê-las, diz-nos: *Pedi e dar-se-vos-á; buscai e encontrareis; batei e abrir-se-vos-á. Porque aquele que pede, recebe; e o que busca, encontra; e ao que bate, se abre.*

É impossível imaginar a coisa colocada de maneira mais definitiva do que nesses termos. Não há palavras, em nenhuma língua, que possam ser mais claras e mais enfáticas. No entanto, em sua maioria, os cidadãos simplesmente as ignoram, ou lhes tiram quase todo o significado. Ora, como já disse, somos obrigados a acreditar que Jesus queria dizer o que disse, ou não; e, como é muito difícil acreditar nesta última hipótese, ou que ele pudesse dizer absurdos por falta de compreensão, somos levados a aceitar essas palavras como verdadeiras – e como fugir a isso?

Pedi e dar-se-vos-á. Não é esta a Magna Carta da liberdade pessoal para todos os homens, mulheres e crianças do mundo? Não é essa a carta de alforria para os escravos de todos os tipos de servidão, física, mental ou espiritual? Onde fica a virtude pseudocristã da resignação, tão pregada? A verdade é que a resignação não é, absolutamente, uma virtude. Pelo contrário, a resignação é um pecado. O que costumamos dignificar com o belo nome de resignação não passa, na realidade, de uma terrível mistura de covardia e indolência. Não nos devemos resignar a nenhuma espécie de desarmonia, pois essa não pode ser a Vontade de Deus. Não temos por que aceitar a falta de saúde, ou a pobreza, ou o pecado, ou as dificuldades, ou a infelicidade, ou o remorso, com resignação.

Não temos o direito de aceitar menos do que a liberdade, a harmonia e a alegria, pois só com essas coisas glorificaremos a Deus e expressaremos Sua Santa Vontade, que é a nossa razão de ser.

Nosso dever mais sagrado, por lealdade para com o Próprio Deus, é recusarmo-nos a aceitar menos do que a felicidade e o sucesso, e não estaremos seguindo os desejos e ensinamentos de Jesus se aceitamos menos do que isso. Devemos orar e meditar, e reorganizar nossas vidas de acordo com seus ensinamentos, contínua e infatigavelmente, até atingirmos nossos objetivos. O fato de que nossa vitória sobre todas as condições negativas não é apenas possível, mas nos foi prometida, está provado nestas gloriosas palavras, uma verdadeira divisa de liberdade para a humanidade: *Pedi e dar-se-vos-á; buscai e encontrareis; batei e abrir-se-vos-á.*

> Portanto, tudo o que vós quereis que os homens vos façam, fazei-lho também vós, porque esta é a lei e os profetas.
>
> (Mateus 7)

Eis o sublime preceito a que chamamos Lei de Ouro. Nele Jesus reiterara concisamente a Grande Lei, numa repetição que se segue à sua maravilhosa afirmação da Paternidade de Deus. A explicação subjacente para a existência da Grande Lei é o fato metafísico de que somos todos, fundamentalmente, partes da Grande Mente. Como, no fundo, somos todos um, ferir a outrem é, na verdade, ferir a si próprio, e ajudar a outrem é ajudar-se a si mesmo. A Paternidade de Deus compele-nos a aceitar a fraternidade do homem, e, do ponto de vista espiritual, fraternidade é unidade.

A percepção desta grande verdade engloba todo o conhecimento religioso restante e é, na velha fraseologia, *a lei e os profetas.*

> Entrai pela porta estreita; porque larga é a porta e espaçoso é o caminho que conduz à perdição, e muitos são os que entram por ela;
> E porque estreita é a porta e apertado o caminho que leva à vida, e poucos há que a encontrem.
>
> (Mateus 7)

Só há uma maneira pela qual o homem pode alcançar a harmonia, isto é, saúde, prosperidade, paz de espírito – a salvação, no verdadeiro sentido da palavra –, é operando uma mudança radical e permanente, para melhor, em sua consciência. Essa é a única maneira – não existe outra. Durante gerações e gerações, a humanidade tentou, de todas as demais maneiras concebíveis, conquistar o bem. Inúmeros esquemas foram planejados para trazer felicidade, alterando de alguma forma as condições externas do homem, sem tocar na qualidade de sua mente – e o resultado foi sempre o mesmo: o fracasso. Estamos agora em posição de ver por que motivo isso acontecia: porque nossa própria natureza é tal, que só mediante uma mudança de consciência podem ser alteradas as condições externas do homem. Essa mudança na consciência é a *porta estreita* de que Jesus fala e, como ele diz, o número dos que a encontram é comparativamente pequeno. Hoje em dia, esse número está aumentando com grande rapidez e, à medida que o tempo for passando, continuará a aumentar cada vez mais rapidamente, embora ainda seja relativamente pequeno. No tempo de Jesus era, não obstante, muito menor ainda.

Essa doutrina de que "o que importa é a consciência da pessoa", já que nosso conceito é aquilo que vemos, Jesus denomina Caminho da Vida, afirmando que todas as outras doutrinas não passam de uma estrada larga que leva à destruição e ao desapontamento. Ora, por que o homem tanto reluta, aparentemente, em procurar mudar sua consciência? Por que parece preferir tentar qualquer outro método, por mais árduo e complicado que seja? Ao longo da história todos os outros meios concebíveis foram tentados para promover a salvação da humanidade e, naturalmente, todos fracassaram, como agora sabemos que estavam condenados a fracassar; contudo, o homem muito raramente procura a porta "estreita", a não ser que, por uma pressão irresistível, seja levado a ela.

A resposta é que, conforme já vimos, é realmente muito difícil mudar a consciência, pois isso exige uma vigilância constante e incessante e uma quebra de hábitos mentais, que, durante algum tempo, costumam trazer muita complicação. O homem natural é preguiçoso, tende sempre a seguir a lei do menor esforço e, portanto, nesta e em outras questões, só quando é compelido é que resolve mudar de rumo.

A Estrada da Vida, na qual se penetra pela porta estreita, valem, porém, todos os esforços. Nesta estrada, as recompensas não são temporárias, e sim permanentes; cada quilômetro conquistado o é para toda a eternidade. Na verdade, mudar nossa consciência é a única coisa que realmente vale a pena fazer. Vamos dar um exemplo, tirado da vida de todos os dias: suponhamos que um homem consiga remover uma mancha de seu paletó; isso lhe vai trazer benefícios enquanto ele usar a roupa, isto é, durante alguns meses. Suponhamos, por outro lado, que ele desenvolva uma função física, digamos, sua capacidade respiratória, por meio de exercícios especializados; a melhora conseguida o beneficiará pelo resto de sua vida física, talvez por 50 ou 60 anos. Por essa razão é algo muito mais importante, mesmo não se levando em conta o efeito da operação em si sobre sua vida. Ora, se ele fizer uma mudança *qualitativa* em sua consciência, que é o que acontece por meio da oração ou do tratamento, não só o efeito dessa mudança será sentido em todas as fases e áreas de sua vida, como o acompanhará por toda a eternidade, pois ele nunca poderá perdê-lo. *Os ladrões não podem entrar e roubar.*

Tão logo você obtenha consciência espiritual, verá que realmente todas as coisas trabalham juntas para o bem daqueles que amam o Bem, ou a Deus. Você terá perfeita saúde, prosperidade, abundância e completa felicidade. Sua saúde será tão boa que o simples fato de viver constituirá uma alegria enorme. O corpo, não mais o fardo a ser carregado que ele representa para tanta gente, parecerá dotado de asas. Sua prosperidade será tal que você não precisará preocupar-se com questões financeiras. Sempre terá tudo de que precisar para realizar todos os seus planos. O mundo lhe parecerá cheio de pessoas encantadoras, ansiosas por ajudá-lo de todas as maneiras. As outras pessoas entrarão em sua vida só para lhe fazer bem. Você se ocupará com as mais agradáveis e interessantes atividades, todas elas úteis. Toda a sua energia e suas faculdades encontrarão expressão e, em suma, você desenvolverá a "personalidade completamente integrada e perfeitamente expressa" com que sonha a psicologia moderna.

Os que não vislumbraram o segredo da Mensagem de Cristo podem achar que tudo isso não passa de uma bela visão, "demasiado boa para ser verdadeira", mas faz parte da essência da Mensagem de Cristo que nada é bom demais para ser verdadeiro, pois o Amor e o Poder de Deus são verdadeiros. É justamente a crença de que a perfeita harmonia é demasiado boa para ser verdadeira que faz com que não a obtenhamos. Como criaturas mentais, nós fazemos as leis que nos governam e temos de viver de acordo com as leis que fazemos.

Um erro trágico, muitas vezes cometido pelos religiosos ortodoxos, é pensar que a Vontade de Deus com relação a eles é algo muito monótono, se não positivamente desagradável. Conscientemente ou não, consideram Deus uma espécie de feitor severo ou um pai puritano. Muitas vezes, suas orações são mais ou menos assim: "Meu Deus, dai-me a ajuda de que eu tanto preciso – porém, mas não creio que ma deis, pois não me julgareis merecedor dela." É inútil dizer que uma prece deste tipo não dará resultado porque todas as preces dependem da fé com que são feitas. A verdade é que a Vontade de Deus para nós sempre implica em maior liberdade, maior capacidade de expressão, maior experiência; em melhor saúde, em mais prosperidade e numa oportunidade mais ampla de servir aos outros – ou seja, numa vida mais plena.

Se você está doente ou pobre, se é obrigado a fazer um trabalho de que não gosta; se se sente só ou tem de conviver com pessoas que lhe desagradam, pode ter a certeza de que não está expressando a Vontade de Deus e, uma vez que não a expressa, é natural que experimente desarmonia; da mesma forma que, quando você expressa a Vontade Divina, a harmonia logo se faz sentir em sua vida.

> Acautelai-vos, porém, dos falsos profetas, que vêm até vós vestidos como ovelhas, mas interiormente são lobos devoradores.
> Por seus frutos os conhecereis. Porventura colhem-se uvas dos espinheiros ou figos dos abrolhos?
> Assim, toda a árvore boa produz bons frutos, e toda a árvore má produz frutos maus.
> Não pode a árvore boa dar maus frutos; nem a árvore má dar frutos bons.
> Toda a árvore que não dá bom fruto corta-se e lança-se no fogo.
> Portanto, por seus frutos os conhecereis.
>
> (Mateus 7)

Há alguma maneira infalível pela qual o homem possa descobrir a Verdade sobre Deus, sobre a vida e sobre si mesmo? Há alguma maneira de poder saber qual a verdadeira religião? Quais as igrejas autênticas e quais as falsas? Que livros ou professores ensinam a Verdade e quais ensinam coisas erradas? Quanta gente que sinceramente procura a Verdade, confusa e preocupada com a babel de teologias e seitas conflitantes, ansiou, no fundo do coração, por um teste simples, que lhe permitisse descobrir por si mesmo qual era, realmente, a Verdade!

Existe algum cristão sincero que não se esforce por conseguir os desejos de Jesus Cristo, desde que saiba quais eles são? Os mais variados tipos de pessoas e de igrejas lhe dizem que só eles representam a verdadeira doutrina de Cristo e que, se ele não a seguir, estará por sua conta e risco. Contudo, todos eles discordam em vários pontos vitais, tanto em teoria como na prática; e cada um deles, individualmente, é cheio de inconsistências.

Se o homem ficasse sem um teste prático e simples da verdade religiosa, sem dúvida se sentiria mal. Felizmente, porém, este não é o caso. Jesus, o mais profundo e, ao mesmo tempo, o mais simples e prático dos mestres que o mundo já conheceu, cuidou disso e deu-nos um teste universalmente aplicável para se conhecer a Verdade. Um teste que qualquer homem ou qualquer mulher pode, facilmente e em qualquer lugar, aplicar, pois é tão fácil e direto quanto o teste de ácido para distinguir o ouro do metal dourado. Trata-se, apenas, de uma pergunta singela: *funciona?*

É um teste tão simples que muita gente inteligente o tem desdenhado por não o achar digno de consideração, esquecendo-se de que todas as grandes coisas elementares da vida são simples. Contudo, esta pergunta – funciona? – é o teste fundamental da Verdade, pois a Verdade sempre funciona, sempre cura. Uma história verdadeira sempre é consistente, por mais que lhe façamos voltas; ao passo que a mentira mais plausível acaba sempre cedendo, quando suficientemente investigada. A Verdade cura o corpo, purifica a alma, reforma o pecador, resolve dificuldades, pacifica conflitos. Daí se segue que, de acordo com Jesus, ensinar o que é verdadeiro automaticamente se comprova pela demonstração prática. "Eles expulsarão os demônios, falarão novas línguas, encantarão serpentes, beberão venenos mortais impunemente, porão as mãos sobre os doentes e os farão sarar." Os ensinamentos falsos, pelo contrário, por mais que sejam apresentados de maneira atraente, por maior que seja o prestígio social ou acadêmico ligado a eles, não conseguirão fazer nada dessas coisas e, fracassando no teste, deverão ser condenados. Seus patrocinadores são falsos Profetas, vestidos como ovelhas da verdadeira religião; mas, embora sejam perfeitamente sinceros em suas afirmações e pretensões, mesmo assim se interpõem entre a Verdade salvadora e aquele que a busca, e são, pois, apesar de suas boas intenções, lobos espirituais. *Por seus frutos os conhecereis.*

Agora que compreendemos claramente que uma demonstração bem-sucedida é a única prova do verdadeiro entendimento, não temos mais desculpas para nos afastarmos do Caminho. Nosso progresso pode, por uma razão ou outra, ser comparativamente lento, mas pelo menos temos a possibilidade de nos manter no Caminho. Saberemos sempre quando tivermos deixado o Caminho, porque a manifestação terminará. A maioria das pessoas acha muito difícil manifestar-se em certas direções, ao passo que sente pouca dificuldade noutras. Isso é de se esperar e significa apenas que é preciso trabalhar mais em algumas direções do que em outras. Se, porém, não estiver conseguindo manifestar-se em nenhuma direção, isso quer dizer que você se afastou do Caminho e não está mais rezando corretamente; tem de voltar imediatamente, dizendo que a Inteligência Divina o está inspirando e que você está expressando a Verdade. Se fizer isso, tudo lhe sairá bem, mesmo que o período improdutivo lhe dê a impressão de durar muito, e você aprenderá um bocado. Mas se por outro lado comportar-se como os fariseus e, em vez de admitir francamente seu erro, continuar comprazendo-se no orgulho espiritual, pode ter a certeza de que as coisas não lhe serão fáceis. Se, como algumas pessoas mal-orientadas, você disser algo parecido com: "Eu não me manifesto porque não quero, porque sou demasiado espiritual e estou acima disso, adiantado demais para isso"; ou, então: "Manifesto-me de formas que vocês não podem ver"; não só estará falando bobagem, como blasfemando contra a Divina Sabedoria – e o que é isso, senão pecar contra o Espírito Santo?

A pessoa não procura manifestar-se como um fim em si mesmo, mas saber a Verdade; e como pela Lei, à medida que a pessoa adquire a verdadeira compreensão, o quadro exterior melhora automaticamente, essa mudança no quadro exterior torna-se uma prova visível da mudança sofrida no quadro interior – "um sinal externo e visível de uma graça interna e espiritual" – e assim ficamos sabendo exatamente em que pé estamos. O quadro exterior é como o painel que nos mostra o que está acontecendo dentro de um motor.

A verdadeira razão para desejarmos demonstrações é serem elas prova de compreensão. *Não existe compreensão não demonstrada.* O que há por dentro é o que aparece por fora, e vice-versa. Se quiser saber em que pé está espiritualmente, olhe à sua volta, começando por seu corpo. Não pode haver nada na alma que mais cedo ou mais tarde não se manifeste no exterior e não pode haver nada no exterior que não encontre alguma correspondência em nosso íntimo.

Seja com o fim de testar sua própria alma, ou um professor, um livro ou uma igreja, o teste é sempre simples, direto e infalível. Funciona? Quais são seus frutos? *Por seus frutos os conhecereis.*

> Nem todo aquele que me diz: Senhor, Senhor! entrará no Reino dos Céus; mas aquele que faz a vontade do meu Pai, que está nos céus.
> Muitos me dirão naquele dia: Senhor, Senhor, não profetizamos nós em teu nome? e em teu nome não expulsamos demônios? e em teu nome não fizemos muitas maravilhas?
> E então lhes direi abertamente: Nunca vos conheci; apartai-vos de mim, vós que praticais a iniquidade.
>
> (Mateus 7)

A humanidade demora a compreender que não há maneira de se salvar a não ser mudando sua consciência, o que significa tentar cumprir a Vontade de Deus consistentemente, em todos os setores de nossa vida. Estamos todos dispostos a fazer Sua Vontade em algumas coisas e às vezes, mas, enquanto não houver uma afinação completa, tanto nas coisas grandes como nas pequenas – uma total dedicação de toda a nossa pessoa –, não pode haver uma demonstração completa. Enquanto permitirmos que qualquer coisa secundária se interponha entre nós e a coisa Principal, não haverá salvação total. "Não há guarida para a alma em que habitar a sombra de uma inverdade", disse George Meredith.

  Este perigo é extraordinariamente sutil. Tão logo o enfrentamos e o dominamos numa direção, eis que ele parece atacar-nos de outra. É necessária uma vigilância incessante e uma coragem quase heroica. Nada é mais verdadeiro do que, na vida da alma, o preço da liberdade ser a eterna vigilância. Não devemos permitir que nenhuma consideração, nenhuma instituição, organização, livro ou pessoa se interponha entre nós e a nossa busca de Deus. Se nos apoiarmos em algo que não seja nossa compreensão da Verdade, nosso trabalho deixará de ser frutífero. Se confiarmos indevidamente em outra pessoa, num professor, por exemplo, ela sem dúvida nos deixará na mão, embora, provavelmente, não por sua culpa. Ele estará fora de nosso alcance quando mais o necessitarmos, ou por qualquer outra razão nos será inacessível quando mais precisarmos dele. O mesmo acontece quando as pessoas se permitem tornar-se escravas de condições especiais. Disse uma mulher: "Só posso me tratar quando estou na sala de leitura do nosso centro; a atmosfera lá é tão maravilhosa!" Pouco depois, o marido foi transferido pelo governo para um posto no centro da África, onde ela teve de enfrentar uma crise a milhares de quilômetros de uma sala de leitura e a mais de 100 quilômetros de distância de outra mulher branca. Seu conhecimento da Verdade ajudou-a, então, a compreender muito melhor o problema.

  É nosso dever obtermos toda a ajuda que pudermos dos livros e professores, porém, a menos que confiemos realmente em nosso próprio entendimento, estaremos simplesmente repetindo

"Senhor, Senhor" com os lábios e fazendo profecias em Seu nome, sem O conhecermos na essência – o que, na prática, será como se Ele não nos conhecesse. Não se pode entrar assim no Reino dos Céus. É preciso dizer, pela milésima vez, que só se pode ganhar a salvação por meio de um trabalho consistente e genuíno, em que a consciência busque compreender a Deus.

Muitas pessoas hesitam em se libertar de uma igreja ortodoxa à qual já superaram, devido à inconveniência prática, ou meramente sentimental, de romper com uma tradição familiar, mas "Aquele que ama o pai e a mãe mais do que a mim não é digno de mim". Muitas pessoas parecem achar possível reunir energia e coragem suficientes para romper com a igreja ortodoxa, apenas para caírem mais uma vez, com inércia quase igual, numa das igrejas mais liberais, ou em algum centro ou organização espiritual, onde parecem estagnar de novo, crentes de que finalmente descobriram a Verdade e não precisam mais se preocupar, como se esse não fosse exatamente o mesmo velho erro cometido pelos pioneiros e fundadores de todas as igrejas ortodoxas, consideradas de início como heresias reformadoras. O que você ganha se libertando de uma organização se você vai logo entregar sua liberdade recém adquirida para uma outra?

Noutros casos, as pessoas se devotaram de tal maneira a um mestre independente que passaram a pensar exatamente como ele. Outras, ainda, têm algum livro favorito que consideram infalível.

Ora, a única coisa infalível que o homem conhece é o teste da Verdade que Jesus nos deu: *Por seus frutos os conhecereis.*

Você deve aceitar a ajuda e a orientação de quem as possa dar, frequentar igrejas ou reuniões que o auxiliem, ouvir oradores e ler livros que o inspirem a encontrar a si mesmo, mas não se renda a ninguém no campo do discernimento espiritual. Agradeça aos que o ajudaram e o bom acolhimento, mas esteja sempre pronto a dar o próximo passo. Lembre-se de que a Verdade da

Existência diz respeito ao infinito, ao Princípio impessoal da Vida e não se presta à exploração de personalidades ou organizações particulares. Você não deve um átomo de lealdade a ninguém ou a nada neste mundo exceto ao Cristo que há dentro de você, à sua integridade espiritual. Se o fato de você fazer parte de uma determinada igreja fosse uma garantia de compreensão espiritual, nossa salvação seria muito mais fácil do que é. Infelizmente, o problema é muito mais complexo. Centros, igrejas e escolas proporcionam o arcabouço físico para a distribuição do conhecimento certo, através de conferências, livros, e assim por diante, mas o trabalho em si tem de ser feito pela consciência individual. Pedir mais do que isso para as coisas exteriores é reestabelecer a superstição. Se, quando chegar a hora do teste, tentarmo-nos apoiar no fato de pertencermos a uma igreja, ou sermos devotados à personalidade de um determinado mestre ou conhecermos perfeitamente um texto qualquer, a Voz da Verdade afirmará nunca nos ter conhecido, e ficaremos sem nossa demonstração.

Como a vida e o caráter humanos são multifacetados, a Bíblia aprecia cada problema de vários ângulos diferentes. Esta parte do Sermão ensina-nos outra lição muito importante, ou seja, que a única maneira verdadeira de conseguir algo é por meio da Prática da Presença de Deus. Só assim se podem obter resultados permanentes. Podem ser conseguidas alterações temporárias nas condições por meio da força de vontade, mas elas são apenas temporárias e, mais cedo ou mais tarde, tudo o que parece ter sido conseguido dessa maneira acabará desaparecendo e deixando tudo pior do que antes. Uma grande fortuna, por exemplo, pode ser construída com força de vontade apenas, mas o dinheiro assim adquirido mais cedo ou mais tarde acabará criando asas e voando, deixando sua desiludida vítima mais pobre do que nunca. Essa pessoa não conhece a Verdade da Existência, e vice-versa, de modo que não poderá servir-se dela. Dramaticamente enunciado, à maneira oriental, isso quer dizer: *Nunca vos conheci; apartai-vos de mim, vós que praticais a iniqüidade.*

Quando uma pessoa cometeu um erro desses, deve procurar nunca mais trabalhar sem Deus. Em pouco tempo seu erro será perdoado, como acontece com todos os erros, assim que nos arrependemos deles. Depois, deve começar imediatamente a trabalhar com o intuito de conseguir alimentar sua Base Espiritual, proclamando Deus como sua fonte e considerando as benesses de Deus como suas. Só assim formará uma consciência de verdadeira prosperidade e, uma vez feito isso, nunca ficará pobre.

> Todo aquele, pois, que escuta estas minhas palavras e as pratica, assemelhá-lo-ei ao homem prudente, que edificou a sua casa sobre a rocha;
>
> E desceu a chuva, e correram rios, e assopraram ventos, e combateram aquela casa, e não caiu porque estava edificada sobre a rocha;
>
> E aquele que ouve estas minhas palavras e as não cumpre, compará-lo-ei ao homem insensato, que edificou a sua casa sobre a areia;
>
> E desceu a chuva, e correram rios, e assopraram ventos e combateram aquela casa, e foi grande a sua queda.
>
> (Mateus 7)

O Sermão conclui com uma dessas ilustrações que, por sua simplicidade, retidão e por seu poder descritivo, não têm paralelo fora dos ensinamentos de Jesus. Ninguém que tinha lido sua parábola das duas casas poderá, jamais, esquecê-la. Ela nos mostra, uma vez mais, a inutilidade do preceito sem a prática; o perigo mortal dos que conhecem a Verdade ou, pelo menos, sabem de sua existência, sem procurar pô-la, o melhor que podem, em prática. Poder-se-ia quase dizer ser preferível nunca ter ouvido falar na Verdade do que saber de sua existência e não procurar vivê-la.

Um dos mais antigos e importantes símbolos da alma humana é o de um edifício, às vezes uma casa, outras um Templo, que o homem está ocupado em construir. O homem Construtor é um personagem tão familiar, na tradição do Ocultismo, quanto o homem Pastor, o homem Pescador ou o homem Rei, conforme vimos numa passagem anterior. A primeira coisa que o construtor de uma casa tem de fazer é escolher uma base firme, porque, sem isso, por melhor que o edifício seja construído, acabará caindo assim que soprar a primeira tempestade. Não nos esqueçamos de que Jesus cresceu na casa e na oficina de um carpinteiro, que, naquela época e naquele lugar, seria também construtor, como ainda hoje acontece em lugares remotos; essa ilustração é, portanto, muito própria dele. Nas areias movediças do deserto é impossível construir seja o que for, por isso as pessoas lá habitam em tendas. Quando o homem oriental pensa em construir uma estrutura permanente, procura logo uma rocha e a constrói em cima dela. Ora, a Rocha é um dos nomes bíblicos do Cristo e a implicação é muito óbvia. A Verdade de Cristo é a única base sobre a qual podemos construir o Templo da alma regenerada com absoluta segurança. É a única coisa absolutamente verdadeira em toda a existência, a única que nunca varia, que nunca muda – sempre igual, ontem, hoje e para sempre. Apoiando-nos nela, estaremos a salvo de ventos, chuvas e torrentes de erros, medo, dúvida e autocensura – por mais que nos açoitem –, pois estaremos ancorados na Rocha. Mas se dependermos de algo menos do que a Rocha – da força de vontade, da chamada segurança material, da boa vontade dos outros ou de nossos recursos pessoais –, se dependermos de tudo, menos de Deus, estaremos construindo sobre a areia, e grande será nossa queda.

> E aconteceu que, concluindo Jesus este discurso, a multidão se admirou de sua doutrina;
> Porquanto os ensinava como tendo autoridade, e não como os escribas.
>
> (Mateus 7)

Neste último parágrafo, Mateus nos diz que as pessoas ficaram admiradas com a doutrina de Cristo, e é sempre assim. A mensagem de Cristo é totalmente revolucionária. Derruba todos os padrões e todos os métodos, não só do "mundo" como de todas as religiões convencionais ou ortodoxas, pois faz com que desviemos nosso olhar de fora para dentro, do homem e de suas obras para Deus.

Ensinava-os como tendo autoridade, e não como os escribas. A maior glória da Base Espiritual é você começar a *saber*. Quando se obtém uma demonstração, por menor que seja, por meio da oração científica, experimenta-se uma sensação que nunca nos abandona, como se abrigássemos dentro de nós a testemunha da Verdade.

Você não mais depende da palavra de outra pessoa; sabe por si mesmo e essa é a única autoridade que vale a pena ter. Jesus tinha essa autoridade e provou-a fazendo milagres. No capítulo seguinte de Mateus, ficamos sabendo que, imediatamente após o último discurso do Sermão da Montanha, de volta à cidade, ele curou instantaneamente um leproso. Provou, assim, que suas doutrinas não eram mera teoria; e provou-o com uma vingança.

Jesus contactou Deus diretamente e, portanto, quando falou, falou a Palavra do Poder.

PARTE II

O Pai-Nosso

Reza bem quem ama bem,
Homem, bicho ou ave;

Reza melhor quem ama melhor
Todas as coisas, grandes ou pequenas:
Porque o bom Deus, que nos ama a todos,
Criou e ama tudo aquilo que há.

Coleridge

Pai-Nosso, que estais no Céu,
Santificado seja o Vosso nome.
Venha a nós o Vosso Reino.
Seja feita a Vossa vontade,
Assim na Terra como no Céu.
O pão nosso de cada dia nos dai hoje.
Perdoai as nossas ofensas,
Assim como nós perdoamos
Quando somos ofendidos.
Não nos deixeis cair em tentação,
Mas livrai-nos do mal.
Vosso é o Reino, e o Poder, e a
Glória para todo o sempre.
Amém.

Uma interpretação de Emmet Fox

O Pai-Nosso é o mais importante de todos os documentos cristãos. Foi cuidadosamente formulado por Jesus, que tinha determinados fins, muito claros, em vista. É por isso que, de todos os seus ensinamentos, é esse o mais conhecido e o mais frequentemente citado. Constitui-se, além do mais, no único denominador comum de todas as igrejas cristãs. Todas elas, sem exceção, utilizam o Pai-Nosso, sendo ele, por conseguinte, o único ponto de encontro de todas. Não há criança cristã que não aprenda a rezar o Pai-Nosso, e todo cristão que tem o hábito de rezar, o faz diariamente. Seu uso provavelmente ultrapassa o de todas as demais orações combinadas. Indubitavelmente, quem quer que procure seguir o Caminho indicado por Jesus deverá usar inteligentemente o Pai-Nosso, todos os dias.

Para se fazer isso, porém, é preciso compreender que a oração é um todo cuidadosamente construído. Muitas pessoas a repetem como se fossem papagaios, esquecendo-se do que Jesus nos adverte sobre as vãs repetições. Naturalmente, ninguém pode tirar proveito desse tipo de coisa.

O Pai-Nosso é uma fórmula compacta para o desenvolvimento da alma. Foi elaborada com todo o cuidado para esse fim específico, de modo que aqueles que a usam regularmente, com compreensão, experimentarão uma verdadeira mudança na alma.

O único progresso é essa mudança, aquilo a que a Bíblia chama nascer de novo. É a mudança de alma que importa. A simples aquisição de novos conhecimentos, recebidos por via intelectual, não opera mudança alguma na alma. O Pai-Nosso é especialmente concebido para provocar essa mudança e, quando utilizado regularmente, a pessoa acaba sempre conseguindo.

Quanto mais a pessoa analisa o Pai-Nosso, mais maravilhosa parece sua construção, pois vem de encontro às necessidades de cada um de nós. Não só proporciona um rápido desenvolvimento espiritual para aqueles cujo adiantamento lhes permite estar preparados, como no seu significado superficial fornece aos mais simples e aos mais materialistas o que eles precisam, desde que orem sinceramente.

Esta oração, a maior de todas, foi elaborada com outro propósito em vista, tão importante quanto qualquer um dos outros. Jesus previu que, à medida que os séculos fossem passando, seus ensinamentos, simples e primitivos, seriam gradualmente aumentados com toda a espécie de coisas externas, que na verdade nada têm a ver com o espírito original. Imaginou que os homens que nunca o tinham conhecido, confiando – sem dúvida sinceramente – em seus intelectos limitados, construiriam sistemas teológicos e doutrinários que acabariam obscurecendo a simplicidade da mensagem espiritual e levantando um muro entre Deus e os homens. Elaborou sua Oração de maneira a lhe permitir atravessar os séculos sem que ninguém a adulterasse, sem que pudesse ser distorcida ou adaptada a nenhum sistema feito pelo homem; de modo que pudesse encerrar dentro de si toda a Mensagem de Cristo sem ter nada à superfície para atrair a atenção das pessoas inquietas e manipuladoras. Por isso, através de todas as mudanças e reviravoltas da história do cristianismo, esta Oração chegou até nós incorrompida e intocada.

A primeira coisa que observamos é que a Oração engloba sete cláusulas. Isso é muito característico da tradição original. O número sete simboliza a totalidade individual, a perfeição da alma, assim como o número doze simboliza a totalidade coletiva. Na prática, muitas vezes uma oitava cláusula é acrescentada: "Pois Vosso é o reino, o poder e a glória" – mas isso, apesar de constituir uma excelente afirmação, não faz realmente parte da Oração. As sete cláusulas obedecem a uma ordem e a uma sequência perfeita e contêm tudo que é necessário para alimentar a alma. Consideremos a primeira:

Pai-Nosso

Esta simples afirmação constitui, por si mesma, todo um completo e definido sistema teológico. Fixa clara e distintamente a natureza e o caráter de Deus. Sintetiza a Verdade da Existência. Diz tudo o que o homem precisa saber acerca de Deus, de si mesmo e de seu semelhante. Tudo o que lhe for acrescentado só o será à guisa de comentário e pode muito bem complicar e obscurecer o verdadeiro significado do texto. Oliver Wendell Holmes declarou: "Minha religião é sintetizada nas duas primeiras palavras do Pai-Nosso", e muitos dentre nós concordamos inteiramente com ele.

Reparem na afirmação simples e definida: "Pai-Nosso". Nesta cláusula, Jesus estabelece, de uma vez por todas, que o relacionamento entre Deus e o homem é o de pai e filho, o que elimina toda a possibilidade de Deus ser o tirano cruel e inexorável tantas vezes pintado pela teologia. Jesus afirma que a relação é a de pai para filho e não a de um déspota oriental para com seus escravos. Ora, sabemos perfeitamente bem que os homens e as mulheres, por mais que falhem em outros aspectos, quase sempre fazem o máximo que podem pelos filhos. Infelizmente, há também pais cruéis e perversos, mas são casos tão excepcionais que constituem manchetes de jornais. A grande maioria dos homens e das mulheres mostra seu lado melhor ao tratar com os filhos. Expressando a mesma verdade, Jesus diria, noutra ocasião: "Se vós, pois, sendo maus, sabeis dar boas coisas aos vossos filhos, quanto mais vosso Pai, que está nos céus, dará bens aos que lhos pedirem?" E inicia sua Oração estabelecendo o caráter de Deus como o Pai perfeito lidando com Seus filhos.

Observe-se que esta cláusula, que fixa a natureza de Deus, fixa ao mesmo tempo a natureza do homem, porque se o homem é filho de Deus, tem de compartilhar de Sua natureza, já que a natureza do filho é invariavelmente semelhante à do pai. Trata-se de uma lei cósmica, segundo a qual uma roseira não pode dar lírios, nem uma vaca dar à luz um potro. O filho, o rebento, tem de ser da mesma natureza do pai; portanto, como Deus é o Espírito Divino, o homem tem de compartilhar desse mesmo Espírito, apesar das aparências em contrário.

Façamos agora uma pausa e procuremos compreender o enorme passo que demos, ao apreciar os ensinamentos de Cristo a partir desse ponto de vista. De uma só penada, foi posto de lado noventa e nove por cento da velha teologia, com seu Deus vingativo, seus indivíduos preferidos, seu fogo eterno e todos os outros horríveis produtos da imaginação doentia e apavorada dos homens. Deus existe – e o Deus Onipresente, Eterno e Todo-Poderoso é o Pai amoroso de toda a humanidade.

Se você meditar nesse fato, até chegar a compreender o que ele realmente significa, a maioria de suas dificuldades e de seus males físicos desaparecerá, pois eles se originam e se baseiam no medo. A causa subjacente de *todos* os males é o medo. Se compreendermos que a Sabedoria Onipotente é o seu Pai vivo e amoroso, a maior parte de seus temores desaparecerá. Se puder compreender isso, todas as coisas negativas de sua vida se desvanecerão e você manifestará perfeição em todas as fases. Eis o objetivo que Jesus tinha em mente, ao iniciar sua Oração com essa cláusula.

A seguir, vemos que a Oração não abre com "Meu Pai" e sim com "Pai-Nosso". Isso demonstra, para além de qualquer possibilidade de erro, a verdade da fraternidade dos homens. Chama-nos a atenção, logo de início, para o fato de que todos os homens são realmente irmãos, filhos de um só Pai; e de que "não há nem judeu nem grego, não há nem escravos nem homens livres, não há nem eleitos nem desprezados", porque todos os homens são irmãos. Ao dizer isso, Jesus acaba com todos os absurdos que falam de uma "raça escolhida", da superioridade espiritual de um grupo de seres humanos sobre qualquer outro. Acaba com a ilusão de que os membros de qualquer nação, raça, território, grupo, classe ou cor são, aos olhos de Deus, superiores a qualquer outro grupo. A crença na superioridade do grupo a que a pessoa pertence, ou "rebanho", como os psicólogos lhe chamam, é uma ilusão para a qual a humanidade tende, mas que não tem lugar nos ensinamentos de Cristo. Jesus ensina-nos que a única coisa que situa uma pessoa é a condição espiritual de sua alma e que, desde que ela esteja no caminho espiritual, não faz qualquer diferença pertencer ou não a este ou àquele grupo.

Finalmente, ele diz que devemos orar não só por nós, mas por toda a humanidade. Todo estudante da Verdade deveria pensar, pelo menos um momento a cada dia, na Verdade da Existência em relação a toda a raça humana, já que nenhum de nós vive ou morre para si mesmo, pois na verdade somos todos – e num sentido muito mais literal do que as pessoas pensam – membros de um único Corpo.

Começamos agora a perceber quanto mais do que parece superficialmente está contido nessas simples palavras: "Pai-Nosso". Simples – poder-se-ia quase dizer inocentes – como parecem, dentro delas Jesus escondeu um explosivo espiritual que acabará destruindo todos os sistemas criados pelo homem para manter em escravidão a raça humana.

Que estais no Céu

Após ter esclarecido nitidamente a Paternidade de Deus e a fraternidade dos homens, Jesus passa a discorrer sobre a natureza de Deus e a descrever os fatos fundamentais da existência. Tendo demonstrado que Deus e o homem são pai e filho, passa a delinear a função de cada qual no grande esquema das coisas. Explica que é da natureza de Deus estar no céu e do homem viver na terra, porque Deus é a Causa e o homem, a manifestação. A causa não pode ser expressão e a expressão não pode ser a causa, de modo que precisamos ter o cuidado de não confundir ambas as coisas. Aqui, céu representa Deus ou a Causa porque, na fraseologia religiosa, o céu é o termo para a Presença de Deus. Em metafísica, ele é chamado o Absoluto, por ser o Reino do Ser Puro e Incondicionado, das ideias arquetípicas. A palavra "terra" significa manifestação e a função do homem é manifestar ou expressar Deus, ou a Causa. Em outras palavras, Deus é a Causa Infinita e Perfeita de todas as coisas, mas a Causa tem de ser expressa e Deus se expressa através do homem. O destino do homem é expressar Deus nas mais gloriosas e maravilhosas maneiras. Parte dessa expressão nós vemos naquilo que o rodeia; primeiro, em seu corpo físico, que na verdade é apenas a parte mais íntima de sua corporização; depois, em seu lar; em seu trabalho; em seu lazer; em suma, em toda a sua expressão. Expressar-se significa fazer sair ou tornar visível o que já existe implicitamente. Todos os aspectos de nossa vida são, na realidade, uma manifestação ou expressão de algo que há dentro de nossa alma.

Alguns desses pontos podem parecer, a princípio, um pouco abstratos, mas, como os desentendimentos sobre o relacionamento entre Deus e o homem é que levam a todas as nossas dificuldades, tudo vale a pena para se tentar compreender corretamente esse relacionamento. Procurar ter uma manifestação sem Causa é ateísmo e materialismo, e bem sabemos aonde ambos levam. Tentar ter a Causa sem manifestação leva o homem a supor que é um Deus pessoal, e isso geralmente acaba acarretando a megalomania e uma espécie de paralisia da expressão.

O importante é compreender que Deus está no céu e o homem na terra, e que cada qual tem seu papel no esquema das coisas. Embora sejam Um, não são idênticos. Jesus estabelece cuidadosamente essa distinção, ao dizer: "Pai-Nosso, que estais no céu."

Santificado seja o Vosso nome

Na Bíblia, como em todo lugar, o "nome" de uma coisa corresponde à natureza ou ao caráter essencial dessa coisa e, por isso, quando nos dizem como é o nome de Deus, dizem-nos qual é a Sua natureza – e o Seu nome (ou a Sua natureza) segundo Jesus, é "santificado". Ora, o que quer dizer a palavra "santificado"? Buscando a origem da palavra, verificamos que vem de "santo", o que significa que a natureza de Deus não só é digna da nossa veneração, como também é completa e perfeita. Daí decorrem consequências notáveis. Concordamos em que um efeito deve ser semelhante, em natureza, à sua causa, e, portanto, sendo a natureza de Deus santificada, tudo o que decorre da Causa deve também ser perfeito e santificado. Assim como a roseira não pode dar lírios, também Deus não pode originar nada que não seja perfeitamente bom. Como diz a Bíblia: "A mesma fonte não pode dar ao mesmo tempo água doce e amarga." Daí se segue que Deus não pode, como muita gente pensa, mandar doenças, desgraças ou acidentes – e muito menos a morte –, pois essas coisas são contrárias à Sua natureza. "Santificado seja o Vosso nome" significa "A vossa natureza é perfeitamente boa" e "Vós sois autor apenas do perfeito bem". *De olhos mais puros do que os capazes de contemplar o mal e que não podem ver a iniqüidade.*

Pensando que Deus lhe enviou alguma das dificuldades que o acossam, seja qual for a razão, você estará dando força a seus problemas, o que tornará muito difícil livrar-se deles.

**Venha a nós o Vosso Reino,
Seja feita a Vossa vontade,
Assim na Terra como no Céu**

Sendo o homem a manifestação ou expressão de Deus, ele tem um destino ilimitado à sua frente. Sua missão é expressar, de maneira concreta e definida, as idéias abstratas que Deus lhe fornece, e, a fim de fazer isso, ele deve ter poder criador. Se não tivesse esse poder, seria apenas uma máquina, através da qual Deus se expressaria – um verdadeiro autômato. Mas o homem não é um autômato; ele tem uma consciência individualizada. Deus se individualiza num número infinito de pontos focais diferentes da consciência; conseqüentemente, cada um deles é uma maneira diferente de conhecer o Universo, cada qual uma experiência diferente. Note-se que a palavra "individual" significa, aqui, *não dividida*. A consciência de cada qual é diferente de Deus e das consciências de todos os demais, mas todas elas formam um todo. Como isso é possível? Como podem duas coisas ser um todo, sendo diferentes? A resposta é que, na matéria, que é finita, isso não é possível, mas, em Espírito, que é infinito, isso é perfeitamente possível. Com a nossa consciência atual, limitada e tridimensional, não podemos perceber isto; intuitivamente, porém, podemos compreender isto por meio da oração. Se Deus não Se individualizasse, haveria apenas uma experiência; da maneira que as coisas são, há, porém, tantos universos quanto indivíduos para criá-los através do pensamento.

"Venha a nós o Vosso Reino" significa ser nosso dever ajudar a estabelecer o Reino de Deus na Terra. Ou seja, devemos procurar manifestar cada vez mais as Ideias de Deus neste plano, pois para isso estamos na Terra. Deus tem planos maravilhosos para cada um de nós. Planejou uma esplêndida carreira, repleta de interesse, vida e alegria, para cada um de nós, e se nossas vidas são monótonas, restritas ou miseráveis, não é culpa Dele, mas nossa.

Se descobrir o que Deus quer que você faça e o fizer, verá todas as portas se abrirem, todos os obstáculos desaparecerem. Todos o considerarão um sucesso, você será recompensado do ponto de vista financeiro e se sentirá muito feliz.

Cada um de nós tem o seu lugar na vida, e se o atingirmos, seremos completamente felizes e nos sentiremos perfeitamente seguros. Por outro lado, enquanto não encontrarmos nosso verdadeiro lugar, nunca nos sentiremos felizes ou seguros, por mais que tenhamos outras coisas. Nosso verdadeiro lugar é o único onde podemos manifestar o Reino de Deus e dizer, com autoridade: "Venha a nós o Vosso Reino".

Já vimos que o homem muitas vezes usa seu livre-arbítrio de maneira negativa. Permite-se pensar de maneira errada e egoísta e é isso que faz com que sobre si caiam todos os males, é isso que dá origem a todos os seus problemas. Em vez de compreender que expressar a Deus é a missão essencial do homem, assim como a do filho é representar o pai, ele procura agir por conta própria. Todos os nossos problemas têm origem nessa insensatez. Abusamos de nosso livre-arbítrio, procurando agir separadamente de Deus – e o resultado são as doenças, a pobreza, o pecado, os problemas e a morte que se nos deparam no plano físico. Não devemos, nem por um momento, tentar viver por conta própria, fazer planos sem pensar em Deus ou imaginar que podemos ser felizes ou bem-sucedidos procurando fazer outra coisa que não a Sua vontade. Sejam quais forem nossos desejos, sejam eles relacionados com nosso trabalho diário, nossos deveres em casa, nossas relações com os outros ou os planos que fizermos para empregar nosso tempo, se procurarmos servir a nós mesmos em vez de a Deus, estaremos cortejando problemas, decepções e infelicidade, embora possa parecer o contrário. Ao passo que, se escolhermos o que, através da oração, sabemos ser a Sua vontade, estaremos assegurando a conquista do sucesso, da liberdade e da alegria, por mais sacrifícios e autodisciplina que isso possa exigir.

Devemos fazer com que nossa natureza concorde com a Vontade de Deus, por meio de orações constantes e uma vigilância incessante, embora despida de ansiedade. "Nossa vontade é nossa para fazê-la Vossa".

"Na Sua Vontade reside a nossa paz", disse Dante, e a *Divina Comédia* é, realmente, um estudo dos estados fundamentais da consciência, e o Inferno representa o estado da alma que procura viver sem Deus; o Paraíso, o estado da alma que conseguiu unir-se conscientemente à Vontade Divina; e o Purgatório, a condição da alma lutando para passar de um estado para outro. Foi esse sublime conflito da alma que arrancou do coração do grande Santo Agostinho o grito de "Fizeste-nos para Ti e nossos corações só têm sossego quando repousam em Ti".

O pão nosso de cada dia nos dai hoje

Como somos filhos de um Pai amoroso, temos o direito de esperar que Deus nos dê tudo aquilo de que precisamos. Os filhos esperam, naturalmente, que seus pais humanos lhes satisfaçam todas as suas necessidades, e, da mesma maneira, esperamos que

Deus cuide das nossas. Se fizermos isso com fé e compreensão, nunca esperaremos em vão.

É a vontade de Deus que todos nós, Seus filhos, levemos vidas saudáveis e felizes, repletas de experiências alegres; que nos desenvolvamos com liberdade e regularidade, dia após dia e semana após semana, à medida que nossos caminhos se vão alargando. Para isso, precisamos de coisas como comida, vestuário, abrigo, facilidades para viajar, livros, entre outras coisas; acima de tudo, necessitamos de *liberdade*; e no Pai-Nosso, todas essas coisas estão incluídas na palavra *pão*, que aqui não significa apenas alimento em geral, mas todas as coisas de que o homem necessita para levar uma vida saudável, feliz, livre e harmoniosa. Só que, para conseguir todas essas coisas, precisamos pedi-las, embora não necessariamente em detalhe, e reconhecer em Deus a Fonte de todas as nossas benesses. Todas as coisas boas que nos acontecem, e que atribuímos à boa sorte, provêm de Deus, o Autor e o Criador da vida.

As pessoas pensam que suas fontes de lucro provêm de determinados investimentos, de um negócio qualquer ou de um cargo; mas esses são apenas os canais através dos quais o lucro vem da Fonte, que é Deus. O número de canais possíveis é infinito, mas a Fonte é Única. O canal particular através do qual você recebe seu suprimento pode muito bem mudar, já que a mudança obedece à Lei Cósmica que rege a manifestação. A estagnação equivale à morte; mas desde que você compreenda que a *Fonte* de onde lhe vem tudo é o único Espírito imutável, tudo irá bem. O desaparecimento de um canal será apenas o sinal para a abertura de outro. Se, por outro lado, como a maioria das pessoas, você considerar esse canal particular como sendo a fonte, quando esse canal falhar, como provavelmente acabará acontecendo, você se sentirá perdido, por *acreditar* que a fonte secou – e, no plano físico, para fins práticos, as coisas são como nós acreditamos que elas sejam.

Por exemplo, um homem pensa em seu emprego como sendo a fonte de sua renda e, por um motivo qualquer, o perde. A firma fecha, ou resolvem diminuir o número de funcionários, ou há uma crise. Ora, como ele acredita que seu cargo é a fonte de seus rendimentos, o fato de perdê-lo naturalmente significa a perda de seus ganhos. Ele então tem de começar a procurar outro emprego o que talvez demore muito tempo, com uma perda aparente de renda. Se esse homem compreendesse, através de um tratamento regular e diário, que Deus era sua fonte de suprimento e o emprego apenas o canal através do qual esse suprimento lhe vinha, quando esse canal se fechasse ele encontraria logo um outro, provavelmente muito melhor. Se tivesse acreditado em Deus como sua Fonte, como Deus não pode mudar, falhar, ou desaparecer, seu suprimento teria vindo de *algum lugar*, teria aberto seu próprio canal da maneira mais fácil possível.

Exatamente da mesma maneira, o proprietário de uma firma pode ver-se obrigado a fechá-la por algum motivo alheio a seu controle; ou uma pessoa que dependa de ações ou títulos do Tesouro pode, de repente, ver-se pobre, devido às inesperadas reviravoltas da bolsa ou a alguma catástrofe numa fábrica ou mina. Se considerar a firma ou os investimentos como sua *fonte* de lucro, vai achar que a fonte secou e, conseqüentemente, se considerará perdido; ao passo que, se confiar em Deus, ficará relativamente indiferente ao fechamento do canal, que será facilmente suplantado por um outro. Em resumo, temos de nos acostumar a esperar que Deus, ou a Causa, nos dê tudo aquilo de que precisamos, e portanto o canal, que é inteiramente secundário, tomará conta de si mesmo.

Em sua acepção mais importante e profunda, o pão nosso significa a realização da Presença de Deus – no sentido de que Deus existe não apenas de maneira nominal, mas como *a* grande realidade; a sensação de que Ele está presente conosco e o sentimento de que, porque Ele é Deus, Todo-Poderoso, Todo Bom,

O PAI-NOSSO

Todo Sábio e Amoroso, nada tem a temer; de que podemos contar com Ele para tomar conta de nós; de que Ele nos dará tudo aquilo de que precisamos, satisfará todas as nossas necessidades, nos ensinará tudo aquilo que precisamos saber e guiará nossos passos, para que não cometamos erros. Esse é Emanuel, ou o Deus que está conosco; e não nos esqueçamos de que isso significa um certo grau de *concretização*, isto é, alguma experiência da consciência e não apenas um reconhecimento teórico do fato; não apenas falar de Deus, por melhor que se fale, ou *pensar* Nele, mas possuir algum grau de experiência concreta. Temos de começar por pensar em Deus, mas isso deverá levar à concretização, que é o *pão de cada dia,* ou maná. Essa é a essência de tudo. A concretização, que equivale à experiência, é o que conta. É ela que marca o progresso da alma. É a concretização, ou realização, que garante a demonstração. É a realização, tão diferente da mera teoria e das belas palavras, a *substância das coisas esperadas, a evidência das coisas não vistas.* É esse o Pão da Vida, o maná oculto, e quando se tem isso, têm-se todas as coisas, de fato e de verdade. Jesus refere-se, por várias vezes, à experiência como *pão* porque ela é o alimento da alma, assim como a comida é o alimento do corpo. Alimentada, a alma cresce e fica forte, desenvolvendo-se, gradualmente, até atingir a estatura adulta. Sem esse alimento, a alma fica naturalmente tolhida e incapaz de se desenvolver.

  O erro comum é supor que basta reconhecer formalmente a Deus, ou que falar sobre coisas divinas, por vezes de maneira muito poética, é a mesma coisa que possuí-las; mas isso é exatamente o mesmo que supor que olhar para uma bandeja de comida, ou discutir a composição química de vários alimentos, é o mesmo que fazer uma refeição. É esse erro o responsável pelo fato de as pessoas, às vezes, rezarem anos por uma coisa, sem qualquer resultado tangível. Se a oração é uma força, não é possível orar sem que algo aconteça.

Não se pode forçar uma realização; ela deve vir espontaneamente, como decorrência da oração diária. Procurar a realização por meio da força de vontade é a maneira mais certa de não a conseguir. Ore regular e serenamente – não se esqueça de que, em todo o trabalho mental, o *esforço* ou a tensão acabam deixando tudo a perder –, até que, de repente, talvez quando você menos esperar, como um ladrão durante a noite, a realização virá. Entrementes, é bom saber que todas as dificuldades práticas podem ser vencidas pela oração sincera, sem qualquer concretização. Muitas pessoas têm dito que algumas de suas melhores demonstrações têm sido feitas sem qualquer realização; porém, embora seja maravilhoso vencer essas dificuldades, só alcançamos o grau de segurança e bem-estar a que temos direito quando experimentamos a concretização.

Outra razão pela qual o símbolo de pão ou alimento expressa tão bem a experiência da Presença de Deus é o ato de comer ser, basicamente, algo que deve ser feito pela própria pessoa. Ninguém pode comer por outrem. A pessoa pode ter empregados para fazer toda a espécie de coisas para ela, mas há uma coisa que ela tem de fazer por si mesma: comer. Da mesma forma, a concretização da Presença de Deus é algo que ninguém pode ter por nós. Podemos e devemos ajudar-nos uns aos outros a vencer dificuldades específicas – "Carregai os fardos uns dos outros" –, mas a concretização da Presença de Deus, a "substância" e a "evidência" só podem, na natureza das coisas, ser experimentadas em primeira mão.

Falando do "pão da vida, Emanuel", Jesus chama-o pão nosso *de cada dia*. A razão para isso é fundamental: nosso contato com Deus deve ser algo vivo. É a nossa atitude *momentânea* para com Deus que governa nossa existência. "Olhai que *agora* é o tempo aceito; olhai que *agora* é o dia da salvação." A coisa mais fútil deste mundo é procurar viver com base numa realização passada. O que para você se traduz em vida espiritual é a sua concretização de Deus, *aqui e agora.*

A realização de hoje, por mais fraca e pobre que pareça ser, tem um milhão de vezes mais poder de ajudá-lo do que a mais vívida realização de ontem. Agradeça a experiência de ontem, ciente de que ela permanece para sempre com você na mudança de consciência que acarretou, mas não se apoie nela para suas necessidades de hoje. O Espírito Divino é, e não muda com o fluxo e o refluxo da apreensão humana. O maná do deserto é o símbolo disso, no Velho Testamento. As pessoas que vagavam pelo deserto foram avisadas de que todos os dias receberiam maná do céu, cada uma delas uma quantidade abundante para suprir suas necessidades, mas que de nenhuma maneira deveriam procurar economizá-lo para o dia seguinte. Não deveriam tentar viver da comida do dia anterior, e quando, não obstante, algumas tentaram fazer isso, o resultado foi a peste ou a morte.

O mesmo acontece conosco. Quando procuramos viver da realização de ontem, estamos procurando viver no passado, e viver no passado é morrer. A arte da vida é viver no momento presente e tornar esse momento tão perfeito quanto pudermos, pela compreensão de que somos os instrumentos e a expressão de Deus. A melhor maneira de se preparar para o dia de amanhã é fazer com que o dia de hoje seja tudo aquilo que ele deveria ser.

Perdoai as nossas ofensas,
Assim como nós perdoamos
Quando somos ofendidos

Este trecho é o momento culminante do Pai-Nosso, a chave estratégica para todo o Tratamento. Observemos que Jesus concebeu de tal maneira esta maravilhosa oração que ela cobre todo o desenvolvimento de nossas almas, da maneira mais concisa e reveladora possível. Não omite nada que seja essencial à nossa salvação, mas é tão compacta que nenhum pensamento ou nenhuma palavra é demais. Cada idéia se enquadra em seu lugar com harmonia e sequência perfeitas. Tudo o mais seria redundância, qualquer coisa a menos seria considerada incompleta, e, no ponto em que está, aborda o fator crítico do perdão.

Após nos dizer o que Deus é, o que o homem é, como o Universo funciona, como devemos cumprir nossa missão – a salvação da humanidade e de nossas almas –, ele explica qual o nosso verdadeiro alimento, a maneira como o podemos conseguir; e passar depois ao perdão dos pecados.

Perdoar os pecados é o problema central da vida. O pecado é um sentimento de separação de Deus e a maior tragédia que o homem pode experimentar. Naturalmente, suas origens têm raízes no egoísmo. No fundo, é uma tentativa de obter algum suposto bem ao qual, por justiça, não temos direito. É uma sensação de existência pessoal isolada e egocentrista, ao passo que a Verdade da Existência é que tudo é Uno. Nós somos um só com Deus, inseparáveis Dele, expressando Suas ideias, testemunhando Sua natureza – o Pensamento dinâmico de Sua Mente. Como fazemos parte do grande Todo de que somos, espiritualmente, uma parcela, daí se segue que somos um só com todos os homens. Por vivermos, nos movermos e existirmos Nele, somos, no sentido absoluto, essencialmente um só.

O mal, o pecado, a queda do homem, tudo é no fundo uma tentativa de negar essa Verdade em nossos pensamentos. Procuramos viver separados Dele. Procuramos viver sem Ele. Agimos como se tivéssemos vida própria, como se pudéssemos pensar separadamente, como se pudéssemos ter planos, propósitos e interesses separados dos Dele. Tudo isso, se fosse verdade, significaria que a existência não é una e harmoniosa, e sim um caos de luta e competição. Significaria que estamos separados dos nossos semelhantes e poderíamos injuriá-los, roubá-los, machucá-los ou até mesmo destruí-los sem que nada nos acontecesse e que, quanto mais tirássemos dos outros, mais teríamos para nós. Significaria que, quanto mais considerássemos nossos próprios interesses e quanto mais indiferença tivéssemos pelo bem-estar dos outros, melhor viveríamos. Naturalmente, daí resultaria que os outros também nos tratariam da mesma maneira e que deveríamos esperar que isso acontecesse. Ora, se isso fosse verdade, o universo inteiro não passaria de uma selva, que mais cedo ou mais tarde acabaria sendo destruída por sua fraqueza e anarquia. Mas essa não é a verdade, e nisso reside a alegria de viver.

É claro que muitos indivíduos agem como se achassem que isso é verdade e muitas outras pessoas, que ficariam horrivelmente chocadas se deparassem com esta proposição a sangue-frio, pensam, não obstante, que essa deve ser a maneira natural das coisas, embora elas próprias sejam, pessoalmente, incapazes de agir conscientemente de acordo com tal modo de pensar. Ora, essa é a base real do pecado, do ressentimento, da condenação, do ciúme, do remorso e de todos os males que nos afligem.

Essa crença na existência independente e separada é o arquipecado, portanto, antes de podermos avançar, temos de cortar esse mal pela raiz. Jesus sabia disso e foi por essa razão que inseriu, nesse ponto crítico, uma afirmação cuidadosamente preparada, que englobasse nosso fim e o dele, sem haver sequer uma sombra de possibilidade de errar. Inseriu, nada mais nada menos, que uma cláusula, uma declaração, capaz de nos forçar, sem qualquer possibilidade de fuga, evasão, reserva mental ou subterfúgio de qualquer espécie, a executar o grande sacramento do perdão em sua maior capacidade.

Quando repetimos a Grande Oração – o Pai-Nosso – de maneira inteligente, refletindo sobre o que estamos dizendo e nos propondo a realizar tais coisas, vemo-nos, de repente, por assim dizer, entre a cruz e a caldeirinha, confrontados com esse problema, do qual não há escapatória. Temos de estender o perdão a todos aqueles a quem devamos perdão, ou seja, a todos aqueles que pensamos nos tenham injuriado de alguma maneira. Jesus não permite que se façam sofismas acerca desse fato fundamental. Construiu sua Oração com mais habilidade do que um advogado ao redigir uma minuta contratual. Conseguiu fazer com que, uma vez que a nossa atenção fosse atraída para o assunto, nos víssemos obrigados a perdoar nossos inimigos verdadeira e sinceramente, sob pena de nunca mais podermos repetir essa oração. Pode-se dizer que ninguém que leia este livrinho com compreensão poderá voltar a usar o Pai-Nosso a menos que haja perdoado. Se tentar dizê-lo sem ter perdoado, pode ter a certeza de que não conseguirá terminar a oração. Essa grande cláusula central vai ficar presa em sua garganta.

Repare que Jesus não diz: "Perdoai as minhas ofensas e eu tentarei perdoar as dos outros" ou "Vou ver se posso fazer isso" ou "Vou perdoar, com certas exceções". Ele nos obriga a declarar que nós perdoamos e *faz com que nosso próprio perdão dependa disso*. Quem terá a coragem de dizer suas orações, se não ansiar pelo perdão ou pelo cancelamento de seus próprios erros e faltas? Quem seria tão insensato a ponto de tentar procurar o Reino de Deus sem desejar primeiro ser aliviado de seu sentimento de culpa? Ninguém, supomos. Vemos, assim, que estamos numa posição insustentável, que não podemos exigir nossa libertação sem primeiro termos libertado nossos irmãos.

O perdão dos outros é o vestíbulo do Céu, e Jesus, sabendo disso, levou-nos até à porta. Você precisa perdoar a todos os que o feriram, se quiser ser perdoado – e ponto final. Tem de se livrar de todo ressentimento e condenação para com os outros e, também, da autocondenação e do remorso. Precisa perdoar os outros e, tendo parado de cometer seus próprios erros, aceitar o perdão de

Deus também para eles, ou não poderá fazer nenhum progresso. Precisa perdoar a si próprio, mas só poderá fazê-lo sinceramente depois que tiver perdoado aos outros. Após ter-lhes perdoado, você deve estar preparado para se perdoar também a si mesmo, pois recusar-se a se perdoar a si mesmo é sinal de orgulho espiritual. "E por esse pecado caíram os anjos." Nunca é demais repetir que é preciso perdoar. Existem poucas pessoas no mundo que nunca tenham sido feridas, realmente feridas, por outrem; ou sofrido decepções, ou sido injuriadas, enganadas ou iludidas. Essas coisas entranham na memória, onde geralmente causam feridas profundas, e para isso há apenas um remédio: extirpá-las e jogá-las fora. E a única maneira de fazer isso é através do perdão.

Naturalmente, nada no mundo é mais fácil do que perdoar as pessoas que não nos feriram muito. Nada é mais fácil do que se erguer acima da ideia de uma perda insignificante. Todo mundo está disposto a fazer isso, mas o que a Lei da Existência exige de nós é que perdoemos não apenas essas ninharias, mas também as coisas tão difíceis de perdoar, que a princípio parece impossível fazê-lo. O coração, desesperado, grita: "Isso é pedir demais. Foi uma coisa que calou fundo em mim. Impossível, não posso perdoar!" Mas o Pai-Nosso faz com que Deus nos perdoe, faz com que escapemos à culpa e à limitação, que dependem justamente disso. Não se pode fugir; é preciso perdoar, por mais fundo que tenhamos sido feridos ou por mais que tenhamos sofrido.

Se suas orações não estiverem obtendo resposta, procure em sua consciência e veja se não há alguém a quem você ainda tenha que perdoar. Verifique se você não guarda ressentimento de alguma velha ofensa. Procure e veja se não sente rancor (que pode ser camuflado sob o manto da virtude) contra qualquer pessoa ou grupo de pessoas, nação, raça, classe social, seita religiosa ou partido político. Se estiver fazendo isso, terá de perdoar, e uma vez feito isso, provavelmente fará sua demonstração. Se não puder perdoar por ora, terá de esperar por sua demonstração até ser capaz de perdoar, e também terá de adiar o fim da oração do Pai-Nosso, sob pena de se colocar na posição de não desejar obter o perdão de Deus.

Libertar os outros quer dizer libertar-se a si mesmo, pois o ressentimento é uma forma de acorrentamento. De acordo com a Verdade Cósmica, são necessários dois para haver um prisioneiro: o prisioneiro e um carcereiro. Não se pode ser prisioneiro por conta própria. Todo prisioneiro precisa ter um carcereiro, e o segundo é tão prisioneiro quanto o primeiro. Quando se guarda ressentimento contra alguém, a pessoa fica ligada à outra por um elo cósmico, por uma cadeia mental. Você está ligado por um laço cósmico à coisa que você detesta. A única pessoa, talvez em todo o mundo, que você odeia é justamente aquela a quem você está se ligando por um elo mais forte do que o aço. É isso o que quer? Deseja continuar a viver assim? Lembre-se, você pertence àquilo a que está ligado em pensamento e, mais cedo ou mais tarde, se esse laço persistir, o objeto de seu ressentimento será novamente atraído para sua vida, talvez para lhe trazer mais problemas. Você acha que pode agüentar isso? Claro que ninguém pode, portanto, só há uma saída: você precisa cortar todos esses laços, mediante um ato de perdão nítido e espiritual. Precisa libertar a pessoa que o ofendeu e deixá-la partir. Através do perdão, você se libertará a si próprio, salvará sua alma. E, como a lei do amor funciona da mesma maneira para todos, você também a ajudará a salvar a alma, tornando muito mais fácil para ela transformar-se no que deveria ser.

Mas como levar a cabo o ato mágico do perdão, se fomos tão profundamente feridos que, apesar de há muito desejarmos perdoar, isso tenha, não obstante, sido impossível? Se tentamos, do fundo do coração, perdoar, mas achamos que isso estava além de nossas forças?

O PAI-NOSSO

A técnica do perdão é bastante simples e não muito difícil de se aplicar quando se entende seu funcionamento. A única coisa essencial é *querer* perdoar. Desde que você deseje perdoar, a maior parte de sua tarefa já terá sido feita. As pessoas sempre fizeram do perdão um bicho-de-sete-cabeças por terem a impressão errada de que perdoar uma pessoa faz com que se sintam compelidas a gostar dela. Felizmente, tal não é o caso – não temos de gostar de alguém de quem não gostamos espontaneamente, e a verdade é que é impossível gostar de alguém assim. É o mesmo que tentar segurar o vento com a mão, e, se você tentar forçar-se a isso, acabará detestando ou odiando a pessoa mais do que nunca. As pessoas costumavam pensar que, quando alguém as tinha ferido muito, era seu dever, como bons cristãos, obrigar-se a gostar desse alguém; como isso é completamente impossível, sofriam bastante e terminavam sentindo-se fracassadas, daí resultando um sentimento de pecado. Não somos obrigados a gostar de ninguém, mas temos a obrigação de amar a todos, já que o amor, ou a caridade, como a Bíblia lhe chama, envolve um sentido vívido de boa vontade impessoal. Isso nada tem a ver com os sentimentos, embora seja sempre *seguido,* mais cedo ou mais tarde, por um maravilhoso sentimento de paz e felicidade.

O método do perdão é o seguinte: recolha-se e fique em silêncio. Repita qualquer oração ou tratamento que você preferir, ou leia um capítulo da Bíblia. Em seguida, diga, em voz baixa: "Perdoo inteira e livremente a X (mencionando o nome da pessoa a quem deseja perdoar); liberto-o e o deixo seguir seu caminho. Eu perdoo completamente tudo o que aconteceu. Pelo que me diz respeito, está tudo esquecido. Deponho o fardo do ressentimento sobre o Cristo que há dentro de mim. X agora está livre, e eu também. Desejo-lhe tudo de bom em todas as fases da sua vida. O incidente está terminado. A Verdade de Cristo libertou-nos a ambos. Agradeço a Deus por isso." Depois, levante-se e faça o que tiver de fazer. De modo nenhum repita este ato de perdão, porque você já o fez de uma vez por todas e fazê-lo uma segunda vez seria repudiar tacitamente o anterior. Posteriormente, sempre que a recordação da pessoa ou da ofensa lhe vier à cabeça, abençoe-a sucintamente e afaste o pensamento. Faça isso quantas vezes o pensamento lhe voltar. Passados alguns dias, ele voltará cada vez com menos frequência, até esquecê-lo completamente. Depois, decorrido algum tempo, o velho problema lhe pode vir à lembrança uma vez mais, porém você verá que toda a amargura e todo o ressentimento desapareceram e que ambos estão livres, com a perfeita liberdade dos filhos de Deus. Seu perdão será completo e você experimentará uma alegria enorme com a demonstração.

Todo mundo deveria praticar o perdão geral diariamente. Quando disser suas orações diárias, declare uma anistia geral, perdoando a todos aqueles que o possam ter injuriado de uma forma ou de outra, sem qualquer discriminação. Diga apenas: "Perdoo livremente a todos." Depois, no decorrer do dia, se a lembrança da ofensa ou o ressentimento o assaltarem, abençoe sucintamente a pessoa que o ofendeu e afaste tal pensamento.

Você não tardará a se ver livre de todo ressentimento e de toda condenação, e o efeito sobre sua felicidade, saúde e vida em geral será simplesmente revolucionário.

Não nos deixeis cair em tentação, Mas livrai-nos do mal

Esta cláusula tem causado, provavelmente, mais dificuldades do que qualquer outra passagem do Pai-Nosso. Para muitas pessoas tem sido um verdadeiro obstáculo. Acham elas – e corretamente – que Deus em nenhuma circunstância nos pode levar a cair em tentação ou no mal e que, por isso, essas palavras não soam como verdadeiras.

O PAI-NOSSO

Fez-se, então, um sem-número de tentativas para reformular esta cláusula. As pessoas acham que Jesus não pode ter dito o que à primeira vista parece, e procuram palavras mais de acordo com o tom geral de seus ensinamentos. Fizeram-se esforços heroicos para extrair do original grego algo diferente. Tudo isso é, porém, desnecessário. A oração, tal como a temos, dá uma ideia perfeitamente correta de seu significado íntimo. É preciso não esquecer que o Pai-Nosso cobre toda a vida espiritual. Apesar de condensado, é, não obstante, um completo manual para o desenvolvimento da alma, e Jesus conhecia muito bem os perigos e as dificuldades que podem assaltar a alma, passados os estágios preliminares do desenvolvimento espiritual. Como os que estão num estágio relativamente primário de desenvolvimento não experimentam essas dificuldades, podem chegar à conclusão, apressada, de que essa cláusula é desnecessária; mas tal não é o caso.

Quanto mais você ora, quanto mais tempo passa meditando e fazendo tratamento espiritual, mais sensível se torna. Se passar muito tempo cultivando sua alma, sua sensibilidade ficará muito apurada. Isso é excelente, mas, como tudo neste mundo, tem seu lado negativo. Quanto mais sensível e espiritual você se torna, mais poderosas e eficazes são suas orações e mais rapidamente você progride. Mas você se torna também suscetível a tentações que não acometem os que estão num estágio menos adiantado. Será severamente punido por faltas comuns, coisas que a maioria das pessoas consideraria ninharias, o que é bom, porque essas transgressões aparentemente insignificantes, essas "raposinhas que dão cabo das vinhas", deteriorariam seu poder espiritual, caso não fossem prontamente atacadas.

Ninguém neste nível será tentado a roubar uma carteira ou a assaltar uma casa, mas isso não quer dizer que não se tenha tentações, ainda mais difíceis de se combater devido às suas sutilezas.

À medida que avançamos, tentações novas e mais fortes nos esperam, sempre prontas a nos abater, se não estivermos alertas – tentações de trabalhar para nossa glória e nosso engrandecimento, em vez de para Deus; com o intuito de conquistar honrarias e distinções pessoais, ou até mesmo lucros materiais; tentações de permitir que nossas preferências pessoais interfiram em nossas opiniões e em nossos atos, quando é nosso dever sagrado lidar com todas as pessoas com total imparcialidade. Acima de todos os pecados está o do orgulho espiritual, que é sem dúvida "a derradeira enfermidade da nobre mente". Muitas almas nobres, que venceram facilmente todos os outros testes, se deixaram arrastar para uma condição de superioridade e certeza que é como uma cortina de aço entre elas e Deus. Quanto maior o conhecimento, maior a responsabilidade. Se essa responsabilidade é traída, ela acarreta terríveis castigos. A noção de *noblesse oblige* é principalmente válida quando se trata de coisas espirituais. O conhecimento da Verdade, por menor que seja, é um dom sagrado, que a humanidade não pode deixar violar. Embora não devamos cometer o erro de lançar pérolas aos porcos, nem de impor a Verdade onde ela não for bem recebida, devemos, no entanto, fazer tudo o que possamos para espalhar o conhecimento de Deus entre os homens, para que nenhum deles fique com fome por causa de nosso egoísmo ou de nossa negligência. "Alimentai meus cordeiros, alimentai minhas ovelhas."

Os antigos ocultistas eram tão sensíveis a esses perigos que, com seu instinto de dramatização, falavam da alma como sendo desafiada por várias provas, à medida que avançava em seu caminho. Como se um viajante fosse detido nas várias curvas da estrada e testado para saber se estava pronto a avançar. Se conseguisse passar no teste, era sinal de que podia continuar com a bênção do desafiante. Mas se não conseguisse, ficava proibido de prosseguir.

Ora, algumas almas menos experientes, ansiosas por progredir rapidamente, desejaram ser imediatamente submetidas a toda a espécie de testes e chegaram mesmo a procurar dificuldades para vencer, como se nossa personalidade já não apresentasse material mais do que suficiente para pôr à prova qualquer homem ou mulher. Esquecendo-se da lição do que Nosso Senhor passou no deserto, desprezando o mandamento de que "Não tentarás o Senhor, teu Deus", fizeram justamente isso, com tristes consequências. E assim Jesus inseriu esta cláusula, na qual pedimos para não termos de nos defrontar com coisa alguma que seja demais para nós, no nosso nível atual de compreensão. Se formos sensatos e trabalharmos diariamente, como devemos, para alcançarmos sabedoria, compreensão, pureza e orientação do Espírito Santo, nunca nos encontraremos em dificuldade da qual não tenhamos a compreensão suficiente para nos libertar. *Nada poderá atingir-vos. Olhai que estou sempre convosco.*

Vosso é o Reino, e o Poder, e a Glória para todo o sempre

Toda a verdade essencial da Onipresença e Onipotência de Deus está contida nestas poucas palavras. Deus é realmente Tudo, o autor, a ação e o ato, e também, poderíamos acrescentar, o espectador. O Reino, nesta acepção, quer dizer toda a criação, em todos os planos, pois essa é a Presença de Deus – como manifestação ou expressão.

O Poder é, naturalmente, o Poder de Deus. Sabemos que Deus é o único poder e, portanto, quando trabalhamos ou oramos, quem de fato trabalha ou ora é Deus, através de nós. Assim como o pianista faz música com os dedos, a humanidade pode ser encarada como os dedos de Deus. O Poder é Dele. Se, ao orar, você pensar que quem está trabalhando é realmente Deus, através de você, suas orações ganharão imensamente em eficiência. Diga: "Deus me está inspirando." Se, quando tiver alguma coisa comum para fazer, você pensar: "A Inteligência Divina está agindo através de mim", verá como será capaz de executar as tarefas mais difíceis com surpreendente sucesso.

A maravilhosa mudança que se opera em nós, à medida que nos vamos apercebendo da Onipresença de Deus e do que ela significa, transfigura todas as fases de nossa vida, transformando a tristeza em alegria, a idade em juventude, e a monotonia em luz e vivacidade. Essa é a glória – glória que é, naturalmente, também de Deus. E a felicidade que conhecemos nessa experiência também denota a Presença de Deus, que conhece a mesma felicidade através de nós.

O Pai-Nosso com frequência tem sido reescrito na forma afirmativa. Por exemplo, a frase que diz "Venha a nós o Vosso Reino, seja feita a Vossa vontade" passa a ser enunciada como "É chegado o Vosso Reino, é feita a Vossa vontade". Todas essas paráfrases são interessantes e sugestivas, mas sua importância nada tem de vital. A forma afirmativa da oração deveria ser usada nos tratamentos, mas é apenas uma forma de orar. Jesus utilizou muitas vezes – embora não sempre – a forma invocativa, e o uso frequente dessa forma é essencial para o progresso da alma. Não se deve confundi-la com a oração em forma de súplica, na qual a pessoa suplica a Deus como se fosse um escravo implorando algo a seu dono. Esse tom é sempre errado. A mais elevada dentre todas as formas de oração é a verdadeira contemplação, na qual pensamento e pensador se tornam um só. É a Unidade dos místicos, raramente experimentada nos estágios menos adiantados. Ore da maneira que você achar mais fácil, pois essa é sempre a melhor maneira.

Vinde a mim, vós que labutais e suportais o fardo, e Eu vos darei descanso.

O Senhor é a minha luz e a minha salvação; a quem hei de temer? O Senhor é a força de minha vida; de quem hei de ter medo?
Mesmo que uma hoste se levante contra mim, meu coração não temerá; mesmo que a guerra seja declarada contra mim, nisso terei confiança.

Quando atravessares as águas, Eu estarei contigo; quando cruzares os rios, eles não te imergirão; quando passares por entre o fogo, não serás queimado, nem as chamas se inflamarão sobre ti.

Enquanto ele procurou o Senhor, Deus o fez prosperar.

Conheça outras obras de Emmet Fox

Pastor e escritor falecido no início dos anos 1950, Emmet Fox tornou-se mundialmente reconhecido por pregações inspiradoras que reafirmavam o poder e a presença atuante da palavra divina no cotidiano dos homens. Suas obras evidenciam a essência do seu propósito: mostrar a cada pessoa que, através de seus esforços, da fé e da oração, é possível alcançar uma vida plena e feliz, superando os infortúnios e as dificuldades do dia a dia.

Os Dez Mandamentos
Alicerce da Sagrada Escritura, os Dez Mandamentos constituem a verdadeira chave para a compreensão da palavra de Deus, da Bíblia e da própria vida humana. Interpretados nesta obra de forma especialmente rica, os Dez Mandamentos abrem perspectivas de alegria e realização.

Faça sua vida valer a pena
Coletânea de breves ensaios que reafirmam o potencial humano e alertam para as armadilhas das atitudes e pensamentos negativos, capazes de sabotar a realização de uma vida feliz e plena.

Mude sua vida
Breves mensagens de verdade espiritual, destinadas à leitura e à meditação em momentos de relaxamento e descontração.

Só vence quem quer
A fé e a certeza de que a virtude e a realização são uma realidade perene são nossa garantia de vitória. Emmet Fox ensina a necessidade de confiarmos no poder de nossas orações, agradecendo antecipadamente a certeza das graças vindouras.

Descubra e utilize sua força interior
Mensagens de inspiração e bom senso que mostram verdades filosóficas e espirituais pinçadas em experiências cotidianas da vida de pessoas comuns, apresentadas de maneira leve e divertida.

Dia a dia
Reúne 365 pensamentos, um para cada dia do ano, acompanhados de preces e meditações que inspiram uma vida de paz e felicidade. Indicado para os que pretendem encontrar Deus e os que levam os Evangelhos a outras pessoas.

Este livro foi composto pela tipologia Palatino Linotype,
em corpo 11 e impresso em papel off-white
no Sistema Digital Instant Duplex da
Divisão Gráfica da Distribuidora Record.